祖師四十八訓

白話注釋

自序

《祖師四十八訓》一書，是十五代王覺一祖師，眾多著作之一，或可能大家對《理數合解》之探討研究較多，其實祖師之大作，另有《三教圓通》、《談真錄》、《歷年易理》、以及《祖師四十八訓》等，於祖師當時光緒三年（西元一八七七年）親奉　無皇聖母之敕旨，及　玉皇大帝之牒文授予祖位，委之普渡重任，並命至天罡門與淳風門，先學習河洛卦象後，再全心投入開荒傳道，於短短的七年時光，不但將大道傳遍大江南北，更當處於道場混亂之世，左道旁門橫行天下之時，為更容易於宏揚大道，故於光緒八年（西元一八八二年）而創作了此救世之藍本，其內容可謂無所不包，無所不含，並道盡了三教聖人之心法命脈，所謂「句句道破真空性，言言透徹賦性天」，而廣泛的闡理學、數學、象學之真宗，剖不易、變易、交易之蘊奧，令學者深感「千古獨開生面，萬代可做法程」。也有「一法包含無量法，一門闢破萬般門」之作用。

王祖師傳承此末後大道，乃是發萬聖之未發，補萬賢之未備，故以道合三教，理貫人天之宗旨來註書立說，並道明無極天，太極天，乃理性、氣性之源，而易理之太極、兩儀、四象、八卦、六十四卦、三百八十四爻、萬有一千五百二十策，皆悉本於此；並交待前之道統傳承：「花發西川鋪錦繡，月明北海慶風雲」之因由，故有「三十年前師渡徒，三十年後徒渡師」之變化，所以特別指示學道之人，必須仁義為本，忠信為先，每人於修持當中，難免會遭受逆境之考驗，前聖人也勉勵說：「欲作精金美玉的人品，須從烈火中煉來；想成掀天揭地的事業，當自薄冰履過」。古人也說：「不受苦中苦，難為人上人」，不受魔難焉能成佛，長春真人也云：「為人誰不遭魔劫，不似西方荊棘多」，所以我修道人，只應抱持著「存其心，養其性」的專注精神，任他滄海千萬變，無極真如鎮常存。

於是王祖師更指明修道人，當以《金剛經》、《清靜經》、《大學》、《中庸》讀熟暢通，自能於性命心源有益，而若想達用於渡人化眾，則再精讀《易經》、《河洛》之數理，始能明卦爻之吉凶，知陰陽之消長，識五行之生剋，達奇正之變化。王祖師又教人一些渡人之方法，依對方之信仰不同而有異別，如對道家修士之渡化，彼以《丹經》入者，當以談真性命、真火藥，及降龍有法，伏虎有術，築基煉己，溫養沐浴，脫胎神化有訣，並講透一切然後闢破一切，掃去一切，漸漸引入真如佛性，至彼方心服口服為止。

對於佛家僧侶之渡化，與之談「西來大意」，以過去、現在、未來等之一合理相、真如佛性，自爾豎窮三界，艮亙十方，為永劫常存，永不退轉之金剛體；知法相無相，妙無不無，卻有實在；再為之講明：「六字真言」及「觀音」之大用，方可以渡佛門高僧。

對於儒家學者之渡化，切不可與之談《仙經》、《釋典》，及成仙、成佛之語言，必須先自「天命之謂性」之天內，理、氣分清，先講氣天一貫，鑿開天度，闡明化源，則天根月窟之來往，神鬼屈伸之消息，此個消息，視得到，說得出，而格物窮理，內聖外王，明體達用而一一引伸之。

最後指示修道本身必先將理天、氣天講熟參透，方知理性、氣性之由來，天人一貫，洞會交連之歸途；成人成己，步步腳踏實地，方可以砥柱於中流，挽狂欄於既倒。

由此可知王祖師之博學深淵，對三教各家之真學瞭若指掌，而《易經》、《河洛》之數理，也窮盡於元會運世、章蔀紀元之蘊秘，甚至禽、星、門、卦、甲、乙、壬、曆各類之入門真法，也獵涉精髓，等等盡述於本書之中，今依林立仁大德之新註訂本為主，略加修飾訓文，增添更多之註解資料，並加語譯白話，供一些初學者更容易探知王祖師之肺腑留言，此得力於忠恕學院第一期行政學系之學長「祖師四十八訓研讀心得」之所助，及與時下前高級部第四期學長之共同討論融會而成，又於每訓之主旨內容，以讚曰偈語詮釋之，綜合這些新添整合編輯，能對讀者有所恤愛與助益，然因倉促成書，加以後學才疏學淺，錯處遺落自所難免，懇望前賢不吝指教。

中華民國九十年歲次辛巳，初冬於台北 王秀雄 敬序

陳梨珠 整理

洪日能 修正於九十九年四月

目錄

自序 …… i
第一條訓文 …… 002
第二條訓文 …… 009
第三條訓文 …… 011
第四條訓文 …… 014
第五條訓文 …… 019
第六—一條訓文 …… 028
第六—二條訓文 …… 038
第七條訓文 …… 047
第八條訓文 …… 052
第九條訓文 …… 056
第十條訓文 …… 059
第十一條訓文 …… 069
第十二條訓文 …… 073
第十三條訓文 …… 075
第十四條訓文 …… 078
第十五條訓文 …… 086
第十六條訓文 …… 089
第十七條訓文 …… 097
第十八條訓文 …… 100
第十九條訓文 …… 104
第二十條訓文 …… 113
第二十一條訓文 …… 117
第二十二條訓文 …… 124
第二十三條訓文 …… 133
第二十四條訓文 …… 134
第二十五條訓文 …… 136
第二十六條訓文 …… 138
第二十七條訓文 …… 104
第二十八條訓文 …… 144
第二十九條訓文 …… 147
第三十條訓文 …… 149
第三十一條訓文 …… 153
第三十二條訓文 …… 158
第三十三條訓文 …… 164
第三十四條訓文 …… 169
第三十五條訓文 …… 174
第三十六條訓文 …… 178
第三十七條訓文 …… 185
第三十八條訓文 …… 192
第三十九條訓文 …… 210
第四十條訓文 …… 217
第四十一條訓文 …… 219
第四十二條訓文 …… 221
第四十三條訓文 …… 223
第四十四條訓文 …… 228
第四十五條訓文 …… 233
第四十六條訓文 …… 236
第四十七條訓文 …… 239
第四十八條訓文 …… 242
後記 …… 257

第一條 訓文

吾人當知，斯①「道」乃生天、生地、生人、生物之大體②；成佛、成仙、成聖、成賢之大用。會通三教③，貫徹天人。有無顯微④，體用合一。中邊本末，事理兼賅。

是「道」也：以覆冒⑤萬物而言，則謂之「天」；以主宰萬物而言，則謂之「帝」⑥；以真實無妄而言，則謂之「誠」；以萬物共由而言。則謂之「道」。以無所不理，各得其理而言，則謂之「理」。在天謂之「天理」；在地謂之「地理」；在人謂之「性理」，在物謂之「物理」；在事謂之「事理」。

是「理」也：以賦畀⑦而言，謂之「命」；以稟受⑧而言，謂之「性」；以應酬萬變而言，謂之「心」。心之所之⑨謂之「志」；心之所憶⑩謂之「意」。感於萬事，而生喜、怒、哀、樂，謂之「情」。千名萬號，不可枚舉，究其本源，莫非「一理」之流露也。故無生真宰⑪，把「理性」散將下來。

何為「理」之究竟？

《中庸》云：「性即理也，理即五常⑫也。」學者必先窮乎「理」⑬，而後可以盡性⑭，未有不明乎「理」，而能盡性者，未有不能盡性而能返本還原者。

「理」者、何？

應知「理」即無極⑮也。無極者、至靜不動天⑯也。至靜不動天者、天外天，生天、生地之天也。此「天」，萬物統體一天，物物各具一天；必知人人各具之天，通萬物統體之天，而後可以收圓⑰。

不明此「理」，而妄稱收圓者，皆自誤誤人者也。故使學者，必先明乎「理」，而後傳之以「道」，方不至流為異端⑱，上之得罪於聖賢⑲，下之為害於將來也。

註釋

①斯：這。

②大體：至大之本體。

③三教：儒教、釋教、道教也。

④有無顯微：道之本體有時有、有時又沒有、有時很明顯、有時卻又很微小，正如道德經第二章：「有無相生」，第十四章：「視之不見名曰夷，聽之不聞名曰希，搏之不得名曰微，此三者不可致詰，故混而為一，其上不皦，其下不昧，繩繩不可名，復歸於無物，是謂無狀之狀，無物之象，是謂恍惚，迎之不見其首，隨之不見其後」。

⑤覆冒：猶云籠罩也，《晉書．天文志》：「以為天確乎在上，有常安之形，地塊在下，有居靜之體，當相覆冒」。也即覆蓋。

⑥帝：上帝、明明上帝，即「明明上帝、無量清虛、至尊至聖、三界十方、萬靈真宰」。

⑦賦畀：賦，給與也，《漢書．哀帝紀》：「皆以賦貧民」。稟受也，《中庸章句》：「氣以成形而理亦賦焉」。畀與也。賦畀，即上天給與之天命。

⑧稟受：言人之體性所受於天者。韓愈《秋懷詩》：「運行無窮期，稟受氣苦異」。

⑨所之：指目標、方向而言。

⑩所憶：指思維、思想而言。

⑪無生真宰：即無生老中、明明上帝。

⑫五常：A《書．泰誓》「狎侮五常」，五常即五典，謂父義、母慈、兄友、弟恭、

子孝五者為人之常行。

B五常之道，仁、義、禮、智、信也。

C五常之德，溫、良、恭、儉、讓也。

⑬窮理：探究天下萬事萬物之理。

⑭盡性：儘量發揮自性中之能事。

⑮無極：無極者太極之祖也，太極者兩儀之祖也，兩儀者天地之祖也，天地者萬物之祖也。

無極者理也、神也。太極者氣也、數也。理神經也、氣數緯也。經者常而不變，緯者變而有常。

⑯至靜不動天：此天即無極理天也，此理雖神妙，以渾然實條理之分明，至無，能生至有，至虛，能御至實，超乎九重天之上，貫乎大地之下，雖不離乎氣，亦不雜乎氣，則委氣獨立，天地人物之性，自此而降為開物之漸回此天，則為開物之漸。

⑰收圓：將千門萬教，及三曹人、鬼、仙圓滿收回理天，謂之收圓。

⑱異端：凡戾正道者曰異端。《論語．為政》：「攻乎異端，斯害也已」。

⑲聖賢：聖者，至尊無上之稱。《傳記》云：「於事無不通謂之聖」，凡道德修養造乎極地者謂之聖。夏侯湛閔子騫贊「聖既希天，賢亦希聖」，凡精通一事而他人莫能及者，皆得謂之聖；賢者，善也、多才也，《說文》：「有善行也」。《玉篇．

咸有一德》：「任官惟賢材」。物之善者曰賢。因其善而善之，亦曰賢。《論語．學而》：「賢賢易色」。世所稱的聖人有堯、舜、禹、湯、文王、周公等，儒家專稱孔子為「聖人」。

語譯

我們應當知道，這「道」乃是生天、生地、生人、生萬物之至大本體；就其功用來講，又能成佛、成仙、成聖、以及成賢；而「道」的義理可融通儒釋道三教，並貫徹通達天與人，而道之本體有時有、有時又沒有、有時很明顯、有時又很微小，所以說，道是體用合一的。道無論在中央、在兩邊、或在根本、在枝末，其事與理都是兼備。

其「道」之作用：若以其覆蓋萬物來說，稱之為天；若以其主宰萬物來說，稱之為上帝；若以其對天地萬物所發出之真實無妄來說，稱之為誠；若以其使萬物所共同遵循來說，稱之為道；若以其天地萬物莫不具備此理，而各得其理來說，則稱為真理。故此真理在天上叫做天理；在地下叫做地理；在人身上叫做性理；在物質上叫做物理；在事務上叫做事理。

談到此真理，若以上天所給與萬靈之天命來說，稱之為命；若以萬靈所接受於天者來說，稱之為性；若以在人身上來應付一切變化來說，稱之為心；若以心所追求之目標，稱之為志；若以心所生發出之思維、思相，稱之為意；若以心被萬事所感應，而生出喜怒哀樂時，則稱之為情。故其真理所恆生出來的名號，可以說是不勝枚舉，若追究其本源，莫不是由這一理所產生出來的。所以無生老中才將理性散放於人間的。

什麼是理的究竟呢？《中庸》裡說：「我們每個人的本性即是理，而理即是五常，也就是五種人類所固有之常道。」學道的人應先探究天下萬事萬物之理，然後才能發揮自性中之能事；從沒有尚不明瞭理之真義，而就能發揮自性中之能事的道理；也沒有尚不能發揮自性中之能事，而就能達到返本還原的人。

理又是什麼？我們應該知道理就是無極，而所謂無極者，是至靜不動天也。而所謂至靜不動天者，則是天外天，或是能生天生地之天也。而這個天乃是所有萬物共同體的那一個天；也是所有萬物本身所具足的那一個天；我們必須知道，每個人本身所具備的天，若能通達到萬物之共同體的那個天，最後就可以達到收圓的任務。

如果尚不明瞭以上所說的這個理字，而就妄想要投入收圓辦道工作的人，這些皆可稱之為自誤誤人的作法。所以要使學道修道的人，一定要先明瞭「理」之涵義，而後再能行傳道渡化眾生之工作，才不至流於異端，即違背正道之行為，這樣的話對上則不會得罪於聖賢，對下也不會為害將來的眾生。

讚曰：㈠道條述道體用兼　生地生天成聖賢
三教會通理事現　有無微隱貫人天
㈡真實無妄謂至誠　萬物共由道義伸
賦命性稟心志證　本源一理究無生
㈢窮理盡性返本源　至靜無極不動天
萬物統體心性見　明理傳道眾生延

第二條 訓文

凡傳「窮理盡性」①之道者，必須尊師重道；謹嚴授受②。方不致將前聖③至尊至貴之道統④，自我而賤；後緒⑤之繼承任重，自我而輕也。

註釋

①窮理盡性：窮究天地萬事萬物之理，乃盡其本性而發揮。
②謹嚴授受：謹慎而嚴格來傳授。
③前聖：從前之聖人，指堯、舜、禹、湯、孔子、顏回、曾子、孟子等諸聖而言。
④道統：謂傳道之統緒也。《宋史．朱熹傳》：「嘗謂聖賢道統之傳，散在方冊，聖經之旨不明，而道統之傳始晦」。
⑤後緒：後繼之人。

語譯

凡是傳授「窮理盡性」之道的人，其本身必須要先做到尊師重道，並且要以謹慎嚴格的態度來傳授，才不至於將過去的聖人那脈脈相傳至尊至貴之道統，自我來輕賤之；也不至於讓繼承此重責大任之後繼的人，自我輕忽之。

讚曰：㈠窮理盡性良師尊　謹慎嚴格傳授純
　　　　前聖道統把賤問　繼承重任豈輕分
　　　㈡尊師非面敬供養　師志繼承恪訓香
　　　　誠效依行循道向　謹嚴授受遍栽秧

第三條 訓文

末後一著①，乃千真之嫡派②，萬聖之命脈③也。得者成仙，見者成佛，修者成聖。必須上根上器④，大德之子，方能承受；無緣無份者，難使信受也。故曰：「若是根薄緣份⑤淺，難入龍華⑥古道場。」不信者，可不必強傳⑦也。

註釋

①末後一著：乃最後一次普度收圓之大事，因為無極理天是證果者之世界，是故末後一著，乃是超生了死之良辰佳期。

②嫡派：正室也，正派也。嫡者，古人曾有一夫多妻事，凡元配所生之子女，謂之嫡出。此言嫡派者，乃祖師之正派者。

③命脈：人身之血脈，為生命所繫，故借以喻聖聖心傳之寶貴。

④上根上器：根器為佛家語，《大日經》疏：「略說法有四種，謂三乘及秘密乘，雖不應吝惜，然應觀眾生量其根器，而後與之。」按植物根能生枝幹花葉，器能容物；然所生所容，有大小、多寡之不同；修道者能力有高下亦然，故以根器喻之，

而上根上器者為最有根器智慧之修道者。

⑤緣份：緣份一事，當在夙根上講，如若此人是有佛緣，生性不昧，聽人一說性道，信心即起，聽則信，信則修。所謂份者，就是果位。有緣之人，得了道，時時在心，只怕墜落人後，積功累德，不敢少懈，此人終能成道，成道後按功定果位，這是有緣有份。若知而不學為無緣，學而不實為無份。前人云：「幼而不學，長無能也。壯而不學，老而憂也。當為不為，必生後悔！」大丈夫不作後悔事，到了後悔時，還趕得上嗎？

⑥龍華：佛經謂彌勒菩薩將來於龍華樹下成佛，樹枝如龍，故名。《荊楚歲時記》：「荊楚以四月八日諸寺各設會，香湯浴佛，共作龍華會，以為彌勒下生之徵也」接《菩薩處胎經》謂彌勒菩薩經五十六億七千萬歲後，下生此土，於龍華樹下成佛。又羅什譯《彌勒下生經》謂彌勒下生時，坐龍華樹下得無上正等正覺，在華林園三會說法，廣渡人天云云，故世有龍華三會之說，略云龍華會。

⑦強傳：勉強傳授也。

語譯

在末後才傳授的這一著，乃是千真萬確之正派傳承，也是聖聖心傳之寶貴；若有機緣得道，並修持至有心得體會的人即可成仙；或能煅煉至本性之流露，而達眾生度化之成果的人，也可成佛；或是能真誠來修煉此末後一著的人，更可成聖。所以說此末後一著之大道，必須是上根上器或大德之人，才能接受而信仰之，對於那些無緣無份的人，便很難使其深信修持的，所以先哲才說：「若是根薄緣份淺，難入龍華古道場」，像這些不相信末後一著之大道的人，可以不必勉強傳授給他。

讚曰：㈠三條祖訓重真傳　末後一著嫡派專
　　　　萬聖脈承先祖創　成仙佛聖理天返
　　　㈡上根上器方得機　無份無緣背道離
　　　　若是根薄難成器　龍華共會朝中依

第四條 訓文

無為正法①，乃「色裏之真空，無中之妙有；豎窮三界②，橫亙③十方④；迎之不見其首，隨之不見其尾。」而造詣⑤次第有：清靜法身⑥，圓滿報身⑦，千百億化身⑧之分。清靜法身者：充實而有光輝，乃大人造詣之境也。本於地度。圓滿報身者：大而化之，聖人造詣之境也。本於宗動天⑨之度。千百億化身者：聖而不可知，神人造詣之境也。本於至靜不動天之度。

三次傳授，與之分清別濁，講明盡人合天之道，確有把柄⑩。此所謂：「一法包含無量法，一門闢破⑪萬般門。」高出一切，然後可以收復一切。不明是不足以掃千門而收萬教；三教歸一，即萬法歸一也。

註釋

①無為正法：如《道德經》第三十七章：「道常無為而無不為」，是謂大道的生化萬物，它是有個基本原則的，那就是無為。所謂無為，是行不見其動作，動不見其

所施，而所為的事實，完全是不求任何酬報，全然是犧牲奉獻，一無條件的付出，因此而無不為，則正因為其有如此無相無為的精神以及毫無計較執著的德能，於是就幾乎無所不能，無所不達的把萬物創造得盡善盡美，而不以為己之功，此即所謂無為而無不為的大道原理。

②三　界：凡夫生死往來之世界，分之為三——

欲　界：為有淫欲與食欲之眾生住所。

色　界：色為質礙之義，有形之物質也，此界在欲界之上，為無淫、食兩欲之眾生住所。

無色界：在色界之上，此界無一切物質，唯以心識住於深妙之禪定。

③橫亙：亙者竟也，橫亙則為橫方向的竟極。按謂事物之綿長，由此端窮竟至彼端也。

④十方：謂東、西、南、北、東南、西南、東北、西北、上、下等十個方向。

⑤造詣：學業或道業所至之境地也。

⑥清靜法身：此是諸佛之自性，中道之理體，永劫不滅之萬有本體也，故又稱作佛性、法性、或覺性，此性本屬絕對，亦即眾生之本來面目，和諸佛之原相也。

⑦圓滿報身：是由因修行者之諸願諸行，成就起來之萬德圓滿之佛身也。又分二種——

為自受用身—這是由自己之證悟，自己受用法悅之佛身也。
為他受用身—這是由濟度眾生之大慈悲，將自己所得之法悅，和眾生共受用之佛身也。

⑧千百億化身：勝果圓滿之報身佛，為濟度眾生，而為下劣之眾生應境顯現之身為應身，或曰化身。此即是在天而天，在人而人，在物而物之色身是也。

⑨宗動天：此即太極氣天也，此天上運星斗，下托大地，中貫萬類，浮沈升降，默運四時，高者輕清而行速，下者重濁而行遲，七政之所以分，八卦之所以判，閏餘之所由起，而氣數之命，氣質之性所由來也，十二萬九千六百年，此氣為一終始。

⑩把柄：脈絡可尋也，即有所依據的。

⑪闢破：即洞察，引徹之意。

語譯

聖人流傳下來的無為正法之大道，乃是存在於有萬物形質界裡的真空，或為廣大無垠虛空中之妙有；從無始劫以前的過去，到無窮盡未來的欲界、色界、無色界之三界裏、都能感覺它的存在，甚至十方那邊際的虛空也都充滿它的蹤影；若接近它，卻看不到它的源頭；而跟隨它也看不到它的尾端，可謂奧妙無比。

而人修持的境界應分有二個層次；就是清靜法身、圓滿報身、以及千百億化身之分。所謂清靜法身者，便是德性充實而能展現良能之光輝也，此乃君子層次之境界，其本源在於「地球」之度劃。所謂圓滿報身者，便是融通廣大而無所不化也，這是聖人層次之境界，其本源在於「宗動天」之度劃。所謂千百億化身者，其神妙無窮而無法去探知也，這是神人層次之境界，其本源在於「至靜不動天」之度劃。

如此三個層次的傳授，對於道之奧妙已能分別清濁，進而也可闡發「盡人道以達天道」之道理，實在都有所依據的，有脈絡可尋的，這樣可稱之為「雖名一法，實包含無數無量之法；雖名為一個門徑，但可洞察萬般之法門妙徑」，由於它的意深高妙，然後可以眾理齊復，若是不能肯定而探明此法門之妙處，而怎能排拒眾多旁門左道不當之邪理，同時可兼容萬教之性理心法於一爐；此即所謂三教歸一之道理，也是萬法回歸一理的最終目標。

讚曰：

(一)無為正法隱真空　色裏無中妙意從
三界十方橫亙重　迎隨難覓定首終

(二)修持造詣定三身　清靜法身大人陳
圓滿報身賢聖證　千百億化達神人

(三)一法包括無量登　一門闢開萬般門
若能深悟其中意　融合萬教歸一真

末後大道，乃發萬聖之未發，補萬賢之未備。道合三教，理貫人天。著書立說，必須引經據典；合天、合地、合人。有理、有氣、有象。知理者：可以制禮，而親親之殺①，尊賢之等②，方有條而不紊。知氣者：可以作樂，知參天③可以作六律④；知兩地可以作六呂⑤。而六律之隔八相生⑥，五音⑦之三分損益⑧，有其源。

而宮⑨、商⑩、角⑪、徵⑫、羽⑬之五音，與君、臣、民、事、物之五等，與夫十宮⑭之周天⑮，有其本矣。再明伏羲⑯之卦，本於天地；文王⑰之卦本於伏羲。孔子之易⑱，乃合天地、伏羲、文王而一之。易⑲未畫時，易在天地；易既畫時，天地在易。未有不知天地而知易，亦未有知易而不本於天地者。夫然後上推往古，下推將來，以一貫之也。不明乎此，而註《易經》⑳者，皆伏羲、文王、孔子之罪人也。

註釋

①親親之殺：親親，謂與己親，相親相愛也，《中庸》：「仁者人也，親親為大」。殺，差等也。總謂親愛自己的親人，該有個等級，好比父母比伯叔親一等，而伯叔比姻親加一等。

②尊賢之等：尊重賢能也有個等級，好比頭等封公，次等封侯（以當前官吏，當然又有不同名稱）。

③參天兩地：太極之數為一，動而生陽，陽數起於三；靜而生陰，陰數起於二，故曰：「參天兩地而倚數」，即以三與二之比例，陰陽兩者間之功用。參天指天一、天三及天五，相加為九，故陽數用九，天為陽、陽為奇，用以代表陽之數目及符號。兩地指地二及地四，相加為六，故陰數用六，地為陰、陰數耦用以代表陰之數目和符號，於是著數之推演，即依此建立了數法。

④六律：謂十二律中陽聲之律，即黃鍾、太簇、姑洗、蕤賓、夷則、無射是也。按律呂皆是古代正樂律之器也，黃帝時伶倫截竹為筒，以筒之長短，分別聲音之清濁、高下，樂器之音，即依為準則。

⑤六呂：為十二律中陰聲之律，即林鍾、南呂、應鍾、大呂、夾鍾、中呂是也。

⑥隔八相生：間八個音符時，即有相生之效應。如
黃鐘—隔八下生林鍾，林鍾—隔八上生太簇。
太簇—隔八下生南呂，南呂—隔八上生姑洗。
姑洗—隔八下生應鍾，應鍾—隔八上生蕤賓。
蕤賓—隔八下生大呂，大呂—隔八上生夷則。
夷則—隔八下生夾鍾，夾鍾—隔八上生無射。
無射—隔八下生中呂，中呂—隔八上生黃鐘。

⑦五音：即宮、商、角、徵、羽也。

⑧三分損益：加減三分之一的方法。
音樂律管相生之法則也。凡作律者先求黃鐘，謂之元聲，餘律皆依黃鐘之管，損益以得之。如黃鐘九寸、三分損一得六寸(九的三分之一為三，九減三等於六)。而下生林鍾六寸。林鍾三分益一得八寸(六的三分之一為二，六加二等於八)，又生太簇八寸，由此遞推則十二律皆得之。最後一個音律中呂再依三分益一得算約4.5寸，其音高恰為黃鐘原音的高八度音，按此原理推算則十二音律成循環演生現象。

這種推算方式與希臘天文、數學專家畢達哥拉斯所發現的物理現象一樣。假設一單位長的弦或管，經過敲擊或撥弦所產生的音響是(ㄉㄛ)，若將這一單位長的弦或管減半，則其音高會產生高八度的音響。如若將這一單位長的弦或管去掉三分之一長，則剩下三分之二的音高產生提高五度的音(ㄙㄛ)。依此定理可應證中國音律的推算是極富科學根據，同時也可從此窺見先聖先賢遺留文化傳統的優越性，是急須我們加以研究並闡揚的。

⑨宮：宮者中也、君也，為四音之綱，其聲重厚，如君之德而為重。
⑩商：商者章也、臣也，其聲敏疾，如臣之節而為敏。
⑪角：角者觸也、民也，其聲圓長，經貫清濁，如民之象而為經。
⑫徵：徵者祉也、事也，其聲抑揚遞續，其音如事之緒而為迭。
⑬羽：羽者宇也、物也，其聲低平掩映，自高而下，五音備成，如物之聚而為柳。
⑭十宮：曆法以三十度為宮，即周天十二分之一。
⑮周天：謂繞地球一周也。《禮·月令》疏：「凡二十八宿及諸星，皆循天左行，一日一夜一周天」《後漢書·地理志》：「周天三百六十五度」按天文學上以三百六十度為周天，即分天球大圓為三百六十度也。
⑯伏羲：古帝、即太昊為三皇之一，按伏羲亦稱伏戲、虙戲、宓犧、包犧、庖犧。風

姓，有聖德；始畫八卦，造書契，教民佃漁畜牧，都陳在位一百十五年，傳十五世，凡一千二百六十年。

根據《易．繫辭．下傳》：

「古者包犧氏之王天下也，仰則觀象於天，俯則觀法於地，觀鳥獸之文，與地之宜，近取諸身，遠取諸物，於是始作八卦」。

⑰文王：姓姬名昌，為周武王父，殷紂時為西伯，國於岐山之下，積善施仁，政化大行，崇侯虎讒之於紂，被囚羑里；其臣散宜生等獻紂以美女玉帛，得釋歸；益行善政，諸侯多歸之，三分天下有其二，武王有天下，追尊為文王。周文王被商紂王囚於羑里時，根據庖犧氏之八卦原理，重為六十四卦，並作卦辭。

⑱孔子之易：孔子晚喜易，序彖、象、說卦、文言、讀易韋編三絕。依據《論語．述而篇》，孔子說：「加我數年，五十以學易，可以無大過矣！」孔子相繼撰述十翼，是為易傳，使得《周易》蘊含有極豐富高深之哲理，成為二千多年來一部具天人合一重要哲學思想之書。

⑲易：此處指八卦而言。

⑳《易經》：《易經》為我國最古經典，為群經之首，為傳統文化之先導，一切學術

之泉源。《易經》雖有三種，但最常用者為《周易》。《易經》肇始於庖犧氏畫八卦，周文王重為六十四卦並作卦辭，周公旦作爻辭，此卦辭、爻辭即所謂《易經》經文，後來孔子相繼撰述十翼(彖傳上下，象傳上下，繫辭傳上下，文言傳，說卦傳，序卦傳，雜卦傳。)是為易傳，其間周文王距庖犧氏有兩千多年，周公旦為文王兒子，相距甚近，但孔子距周公約有五百年，古時無印刷術，要在龜极或竹片上刻字，必然相當麻煩，因此，所留之字必簡之又簡，《周易》以卦爻為基本，辭為卦爻而繫，但卦辭僅七佰零七字，爻辭也不過四千二百十三字，全經有四千九百二十字，文字簡約精微。孔子之十翼，為《周易》之傳，為經之羽翼，所以解釋經義，譬如鳥有翼，才能飛翔，經有傳，它之本義，才能發揚光大，要瞭解《易經》經文，必先瞭解十翼，然後以傳釋經。

語譯

在最後才傳的大道，乃是要發掘那些成千上萬未被發掘的聖人，及要補充那些成千上萬未被補足的賢人。所以道才融合三教之精髓，而真理也貫穿人間與上天。若要寫註善書或宣揚大道於渡人時，則必須引經據典加以證實補充，這樣匯合天、地、人三才之大用，及理、氣、象三天之混合，而使民眾認知紅塵非故鄉，肉身非吾體；世人只知隨影轉，不知離影到故鄉。偽行難掩良心缺，造己勢力全借神，不見自性枉稱佛，用心總是太痴人。所以能知理者，即可以貫徹禮節，而可以達到，在親愛自己的親人上，有至親及遠親等級之分；及在尊重賢能上，也有位階等級之別，如此才是有條不紊之處世方法。能知氣者，即可以製作樂理，也即能瞭解參(三)天之涵義，(即天一、天三、天五、天之數相加為九，故九為陽為動。)就可以製定十二律中陽聲之律，即黃鐘、太簇、姑洗、蕤賓、夷則、無射是也。並且又能瞭解兩地之涵義(即地二及地四，其地之數相加為六，故六為陰為靜。)就可以製定十二律中陰聲之律，即林鍾、南呂、應鍾、大呂、夾鍾、中呂是也。而在六律制訂過程中，相隔八聲律有相生之關係；而五音之制訂過程中，以加減三分之一的方法來調節，均有其根源可依據的。

所謂五音就是宮、商、角、徵、羽是也，其所意含之五等就是君、臣、民、事、物是也，而這些與十宮之周天，也有它之根本所在，再來瞭解伏義氏的八卦是仰觀象於天，俯觀法於地，觀鳥獸之文，與地之宜，近取諸身，遠取諸物，於是始作八卦。而文王則根據伏義氏之八卦發揚光大，重為六十四卦，並作卦辭。而孔子之易經研究心得，乃是融合天地之象理及伏義之八卦和文王之六十四卦於一爐。我們可以說：易理八卦未畫制時，則易理八卦是在天地之象中；而易理八卦已經畫制之後，則天地之事，在易理八卦之中能預知。沒有一個還不瞭解天地間之象徵，而就懂得易理八卦的人，也沒有一個已經懂得易理八卦，而卻不知道是根據天地間之象徵而來的人。而這種易理然後能上推算以往古代，及下推算以後將來，都是以「一」的道理來貫通之。若不明白這種道理而能註解易經的人，則是有辱伏義、文王及孔子諸先聖所累積之心血成果巨著，而成為他們之罪人也。

讚曰：㈠未來末後大道發　萬聖萬賢齊證法
　　理貫道合人眾化　立書引據經書跨
㈡知理知氣禮樂生　親親尊賢輕重陳
　　六律六呂五音盛　君臣民物事五等

㈢伏羲八卦本於天　後聖文王重卦連
古往將來推物現　易經理妙革心先

第六一條 訓文

學者言過去、未來、現在，必以堯、舜、禹、湯、文王三代①以上為過去的道統，為傳道之春。此時五百年必有王者興，其間必有明世者，故曰：「九劫成道」②。

太上③、釋迦④、孔子⑤為現在之道統，由老子至今三千餘年；釋迦、孔子至今不足三千年，截長補短，合為三千年。其間分：正法一千年⑥，相法⑦一千年，末法⑧一千年，現在之世為傳道之夏。

伏羲為開天之聖，始畫八卦⑨，因而重之，共六十四卦⑩；方圖象地⑪，圓圖象天⑫，至今歷代相傳。而「六卦」⑬之說，殊屬不經；而三千年甲子之說，亦未必然！

《禮記》⑭、《月令》⑮出自《呂氏》⑯，而《呂》本顓頊⑰之曆；其日孟春⑱之月，日在營室⑲，昏「參」⑳中，旦「尾」㉑中，至今亦未嘗有差。

註釋

①三代：謂夏、商、周三個朝代也。《論語．衛靈公》：「斯民也，三代之所以直道而行也。」

②九劫成道：為青陽期時上天所降下之劫數，此期間洪水為害，修道之人也必需受水劫災而了道，名為龍漢水劫，因當時人心善良，故只降下共九次災劫，所以說：「九劫成道」。

③太上：又稱太上老君、老子、老聃，《史記》傳云：「老子者，楚國、苦縣、厲鄉、曲仁里人也，姓李氏、名耳、字伯陽、諡曰聃、周守藏室之史也，」索隱引許慎云：「聃、耳漫也，故名耳、字聃，今作伯陽，非正也」《史記》傳文云：「孔子適周，將問禮老子」按老聃言行，見於《禮．曾子問》者凡四，可為孔子之所從學者之證。

④釋迦：即釋迦牟尼佛教始祖，亦云釋迦文，釋迦為種族名，能仁之義；牟尼，寂默之義，周靈王十五年(西元前五五七年)時，誕生於中印度憍薩羅國迦毗羅衛城，名悉達多，父為迦毗羅衛城主淨飯王，母摩耶夫人，誕生後七日，摩耶逝世，賴姨母波闍波提撫育之，十九歲，納拘利城主善覺王之女耶輸陀羅為妃，廿九時，偶乘車出遊，見衰病者及死者，深悟世間之無常，遂決意出

家；一日夜半（時為十二月八日），乘馬潛出王城，入東方藍摩國，剃髮為沙門，旋詣王舍城邊阿蘭若林就鬱陀羅伽仙求道，遂修習諸種之禪定；更至優樓頻螺村之畢鉢羅樹（佛於成道，故又名菩提樹）下敷草，結跏趺坐，誓曰：「不成正覺，終不起此坐」至二月八日夜，忽見明星而大悟，得一切種智，於是成大覺世尊，為人天之大導師，時年三十五也，之後周遊四方，化導群類，凡四十餘載，示寂於拘尸那城、跋提河（金河）邊娑羅雙樹之下，時周敬王四十三年（西元前四七七年）二月十五，日應世共八十年。

⑤孔子：春秋魯人，名丘字仲尼，生於周靈王廿一年（西元前五五一年）八月廿七日，卒於周敬王四十一年（西元前四七九年）生有聖德，學無常師，嘗問禮於老聃，學樂於萇弘，學琴於師襄，為魯司空，又為大司寇攝行相事，誅少正卯、魯國大治，其後周遊列國十三年，不見用，年六十八返魯，刪《詩》、《書》，訂《禮樂》，贊《周易》，作《春秋》，弟子三千，身通六藝者七十二人，後世稱至聖先師。

⑥正法：也即證法，儒有存心養性，一貫之道；佛有明心見性，歸一之道；道有修心性，守一之道。若能躬行實踐，儒能成聖，釋能成佛，道能成仙．因有證果者故，謂之正法時期。

⑦相法：千年而後，正法失傳；儒則執於訓詁，失意以傳言；釋、道則囿於焚誦，誦言而忘味。執於顯而不達於微，囿於人而不達於天，足於為善人，而不足以為聖人、神人，此期謂相法時期。

⑧末法：再千年而後，相法式微。儒者淪於辭藻，以《四書》、《六經》作利祿之階梯。僧、道則專為衣食，借仙經、佛典為乞食之文憑，至此則三聖遺言，亦在若存若亡之間，即善人亦不易見矣，此期則謂之末法時期。

⑨八卦：☰乾、☱兌、☲離、☳震、☴巽、☵坎、☶艮、☷坤等八卦也，卦者掛也，懸掛物象以示於人，故謂之八卦。《易．繫辭》：「古者庖犧氏之王天下也，仰則觀象於天，俯則觀法於地，觀鳥獸之文與地之宜，近取諸身，遠取諸物，於是始作八卦，以通神明之德，以類萬物之性。」

⑩六十四卦：伏義氏作易八卦，雖有萬物象，然以其僅為單卦，所以並不能變化，因之，便無以盡萬物之理，故文王以八卦兩兩相重，使成為六畫之六十四卦，才能備萬物之形象。八卦不過是指陳宇宙最高之法則，和區分宇宙最初之序列而已，如論萬有之化生，則須由八卦進而至六十四卦，因為宇宙發展之歷程，首先是氣化，其次是經過氣化而形化，再經過形化而凝聚為質以成體，八卦猶在宇宙發展之初期而為氣化，六十四卦纔能由氣化發展到形化之階

段，此所以有八卦，進而有六十四卦之理。

⑪方圖象地：六十四卦方圓圖之排列，是根據中國古代所謂「天圓地方」而來的，因為地面要用平方形來計算，因此這個六十四卦，就擺出地「方」這個圖，管宇宙空間，代表方位方向。

⑫圓圖象天：六十四卦之圓圖，是因為天體是個圓球，所以就擺出天圓這個圖，它是管宇宙的時間，代表宇宙的運行法則，亦可說代表太陽系統時間運行的法則或原理。

所謂「天圓地方」，並非指天地之實體而言，乃數理上之假定，蓋周天三百六十度為一圓周，故謂之「天圓」，在圓周之內，切為四弦，則成一正方形，每弦線為六十度，外弧線為九十度，故謂之「地」方，地在天中。

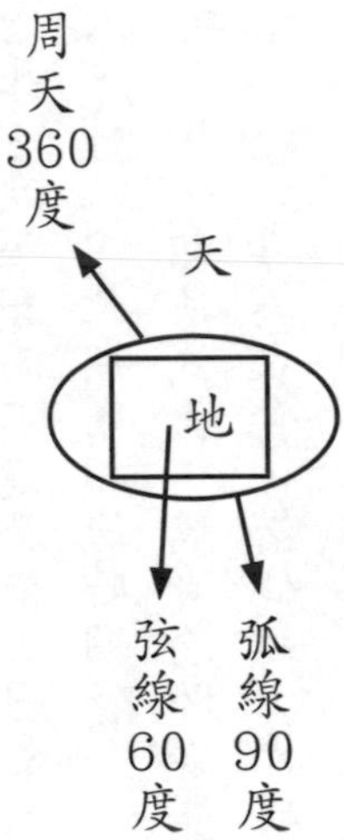

⑬六卦：《三易探原》：「震、兌、乾、巽、艮、坤卦止用六，八卦止用六卦也。八卦只見六卦者，三五而盈，震、兌、乾；三五而闕，巽、艮、坤；其間獨少坎、離者，月為坎，日為離也，二用無爻位，周流行六虛，六卦實八卦也。」

⑭《禮記》：書名，亦稱《小戴記》，漢戴聖所記。《漢書．藝文志》：「《禮》古經五十六卷，《記》百三十一篇」又《儒林傳》引《六藝論》：「戴德傳記八十五篇，則《大戴禮》是也；戴聖傳記四十九篇，則此《禮記》是也。

⑮《月令》：《禮記》篇名，《禮．月令》疏引鄭氏目錄：「名曰月令者，以其紀十二月政之所行也，本《呂氏春秋．十二月紀》之首章也，禮家好事，抄合為此篇」。

⑯《呂氏》：書名，即《呂氏春秋》，亦稱《呂覽》，凡廿六卷，舊題秦朝呂不韋撰，實由不韋使其門客所為也，書分八覽、六論、十二紀、二十餘萬言，大抵以儒為主，而參以道家、墨家，故多引六籍之文。

⑰顓頊：古帝，黃帝孫，昌意子年十歲，佐少昊；二十即帝位，初國於高陽，因號高陽氏；後都於帝丘，在位七十八年。

而顓頊之曆，為顓頊古帝時期所制訂之曆法，古時之曆法有黃帝、顓頊、夏、殷、周、魯凡六家，各自有元，光、晃所據則殷曆元也。

⑱孟春：陰曆正月曰孟春，為春季之首。

⑲營室：星名，即室宿。為廿八宿一，玄武七宿之第六宿，有星二，即飛馬座α、及β、α西名為MARKAL《禮記・月令》：「孟春之月，日在營室」。朱傳：「定北方之宿，營室星也」。

⑳參：即參宿，廿八宿之一，白虎七宿之末宿，有星七，均屬獵戶座、參宿七即β，西名為RIGEL，一等星，色白，一月二十日下午九時中天，中天高度四六度，距地球四六〇光年，其實體為全天空第一大太陽；參宿四即α，西方為BETELGEUSE 一等星，色赤，一月廿九日下午九時中天，中天高度為六一度，距地球一六〇光年；參宿五即γ，西名為BELLATRIX二等星。《禮記・月令》：「孟春之月、昏、參中」。

㉑尾：即尾宿，廿八宿之一，蒼龍七宿之第六宿，均屬天蝎座《禮記・月令》：「孟春之月、旦、尾中」。

語譯

學道的人，在探討過去、未來與現在之道統時，其傳承必以堯、舜、禹、湯、文王等夏、商、周三個朝代以前諸先祖師，作為過去的道統，因堯、舜、禹、湯首開心傳，道運在東，位居「東方甲乙木」，屬青色，如同春天百草齊放，所以叫青陽期，也稱為「傳道之春」。在此時之五百年期間，必出「有道明君」興盛，如堯、舜、禹、湯、文王、武王、周公等先王相繼明世，接續道統，心法一脈相傳，道在君王，一人化天下，此期有洪水為害，受水劫了道，名為「龍漢水劫」，共九次災劫，所以說：「九劫成道」。

三教聖人：太上老君、釋迦牟尼佛、孔夫子繼往開來，接續承傳為現世之道統，從老子至今有三千餘年；而釋迦牟尼佛與孔夫子至今尚不足三千年，截長補短後，約為三千年。在這三千年當中之心法傳承，各分為正法時期一千年，相法時期一千年，及末法時期一千年。而整個道統傳承期間，是在三代以後，道在師儒，三教聖人各傳一方，在此期間道運在南，位居「南方丙丁火」，是屬紅色，如同夏天之炎陽高照，所以稱紅陽期，此期有戰火為害，受火劫了道，名為「赤明火劫」，期有十八次災劫，故現階段之世，稱之為傳道之夏。

伏犧氏為道統開創之聖者，並教民佃、漁、畜、牧，及造書契，因而改變人類文明之生活習性，故稱之為開天之聖。相傳在中國上古時代(約六千四百年前)天降神機，有龍馬負圖出於黃河，而伏犧氏見之，深入探討研究，並仰觀象於天，俯首觀法於地，觀鳥獸之文與地之宜，近取諸身，遠取諸物，於是圖出八卦，以通神明之德，以類萬物之情，然因其僅為單卦，所以並不能變化，無以盡萬物之理，故後來文王以八卦兩兩相重，使成為雙卦之六十四卦，才能備萬物之形象，而其六十四卦方圓圖之排列，乃依數上之假定，蓋周天三百六十度為一圓周，故謂之「天圓」，在圓周之內，切為四弦，則成一正方形，每弦線為六十度，外弧線為九十度，故謂之「地」方，由六十度之六為坤為地，所以說「方圖象地」；而外弧線九十度之九為乾為天，所以說「圓圖象天」，這種規則之制定，至今已歷代相傳之。然而六卦之說法，由三易探原得知，乃震、兌、乾、巽、艮、坤、卦止用六，八卦止用六卦也。其八卦只見六卦者，三五而盈、震、兌、乾；三五而闕、巽、艮、坤，其間獨少

坎、離者，月為坎，日為離也，二用無爻位，周流行六虛，六卦實八卦也。因之此六卦屬特殊之狀況始參用，故不經傳；另外三千年甲子之說法，亦不盡然適用的。

《禮記．月令篇》中的是出自《呂氏春秋》這本書，而《呂氏春秋》則是秦朝呂不韋所撰寫的，他是依據顓頊帝之曆法來編訂的。在《禮記．月令篇》裡，有一段這

樣說：「其曰孟春之月，日在營室，『參』中，旦『尾』中」，其意思是說：「在每年農曆正月時，日(太陽)是在廿八星宿之『室宿』(玄武七宿之第六宿)的方向；而在黃昏時，廿八星宿之『參宿』(白虎七宿之末宿)則值中天，當在太陽方出時，廿八星宿之「尾宿」(蒼龍七宿之第六宿)則值中天，這種星球運行之軌跡，至今亦未嘗有差呢！」

第六——二條　訓文

《堯典》①基三百六十有六日，以閏月定四時，乃堯王甲辰曆。總是六十甲子②，古曆③、今曆④，中西二曆；雖法有疏密，略未小異，未嘗不大同也。

且後天八卦，學人皆曰：「出自文王」，而不知軒轅⑤之時，風后⑥演奇儀⑦，皆本洛書⑧，後天八卦。而箕子⑨序疇⑩亦然。

先天靜體，後天動用，體用同源，出於一時。上自子會開天，七曜⑪齊元，第一甲子至今一千一百四十九甲，而禽⑫、星⑬、門⑭、卦⑮，歷歷可考，絲絲入扣，扣扣皆絲。過去者，六萬餘年之日徑⑯，可坐而致。未來者，六萬餘年之月徑⑰，亦可而致也。

而三十甲子，六十甲子，九十甲子之說亦屬荒唐矣！由此觀之，凡以未來之十二卦，九十甲子，四十五日之說惑人者，皆不經之談也。

凡我同人，教曆學者，必將現在者，考精詳；而上推下推，即十二萬九千六百之元會運世⑱，章蔀紀元⑲，年月日時，自瞭若指掌矣！

天機書，雖有九十甲子；十八時──一日；四十五日──一月；東西日月南北走之說，皆寓言也。

註釋

①堯典：書篇名，《書序》（《尚書》首章）：「昔在帝堯，聰明文思，光宅天下，將遜于位，讓于虞舜，作《堯典》」。傳：「言堯可為百代常行之道」。此書為推算歲時節侯之法。

②六十甲子：甲居十天干之首，子居十二地支之首，干支相配其變有六十種，如甲子、乙丑等類推，統曰六十甲子，黃帝時大撓所作，東漢以前止以紀日，建武後，始以紀年月日時。

③古曆：古時之曆，以日、月、年記時之法也，計有陰曆及陽曆，而陰曆以太陰地球一週（二九．五三0五八八日）為單位，所謂月是也。陽曆以地球繞太陽一週（三六五．二四二一九日）為單位，所謂年是也。中國舊制曆法。希臘曆法、及回曆太陰年等，為陰曆之較著者。埃及曆法、墨西哥曆法、格列高里曆、回曆太陽年及天曆等為陽曆之較著者。

④今曆：為現今中西通用之陽曆，即格曆，格曆為比較進步之曆

⑤軒轅：黃帝居於軒轅之丘，故曰軒轅氏。《史記．五帝紀》：「黃帝姓公孫名軒轅。」按軒轅丘故址在今河南省、新鄭縣西北，又按《漢書．古今人表》，張晏注云：「黃帝作軒冕之服，故謂之軒轅。」

⑥風后：黃帝時人，帝遇諸海隅，舉以為相，風后解州人，黃帝得六相而天下治，風后其一也。(解州舊號渤澥之海，所謂海隅即此。)今解州西南蒲州風陵鄉有風后墓，因號風陵渡。著《風后兵法》。

⑦奇儀：奇特之兵法，即《風后兵法》。另解為三奇六儀(奇門遁甲，甲以三元甲子配合九宮)

三奇：奇門遁甲之術，以十天干之乙、丙、丁為三奇。

六儀：以戊、己、庚、辛、壬、癸六天干居甲上，謂之六儀。

⑧洛書：《易繫辭》：「河出圖，洛出書，聖人則之。」疏：「如鄭康成之義，則《春秋緯》云：『河以通乾，出天苞，洛以流坤，吐地府，河龍圖發，洛龜書感，河圖有九篇，洛書有六篇』；孔安國以為河圖則八卦是也，洛書則九疇是也」。按《漢書．五行志》引劉歆說：「禹治洪水，賜雒書，法而陳之，《洪範》是也」。又謂《周書．洪範篇》初一曰五行以下六十五字皆洛書本文，是以洛書為九疇，與孔安國說同。宋人以太乙下行九宮式為洛書，

清朝毛奇齡力闢之；考北周、甄鸞注《數術記遺九宮算》云：「九宮者，即二四為肩，六八為足，左三右七，戴九履一，五居中央」。

⑨箕子：商紂諸父，名胥餘，為太師，封子爵，國於箕，故稱箕子，紂無道，箕子諫不聽，乃被髮佯狂為奴，周武王克殷訪以天道，作《洪範》，武王封之朝鮮而不臣。

⑩序疇：序、次序也，疇是輩類之名，言其每事自相為類，整意是治國之大法也，也即箕子所作之《洪範》一書，《書序》：「武王勝殷，殺受立武庚，以箕子歸，作《洪範》。」傳：「洪、大；範、法也，言天地之大法」，疏：「箕子為陳天地之大法，敘述其事，作《洪範》」。

⑪七曜：即日、月與金、木、水、火土五星也。曜亦作燿。《穀梁傳．序》：「七燿為之朵縮」注：「謂之七曜者，日、月、五星皆照天下，故謂之七曜。」日曜為太陽，月曜為太陰，金曜為太白星，木曜為歲星，水曜為辰星，火曜為熒惑星，土曜為鎮星等為七曜。

⑫禽：即「演禽」術數之一種；以星禽推知人吉凶及其性情嗜好者也(星即十二星行曆，十二宮宿度；禽如《演禽通纂》所載三十六禽喜好吞啖是)，其書載於《道藏》，蓋本神仙之說，今存者有《演禽通纂》。

⑬星：即「星命」，術數家以人生八字(星命家以人生年月日時所值，推算禍福壽命，謂之八字)按天星運數，推算其祿命，世稱「星命之學」。

⑭門：即奇門遁甲，術數之一種，亦簡稱遁甲，《圖書編・奇門遁甲總敘》：「昔大撓造甲子，風后復演為遁甲，其法幽深隱秘，未易窺測，故謂之遁。」按《後漢書・方術傳》注：「推六甲之陰而隱遁也」是以甲為六甲，遁為隱遁，一說此法起於《易緯・乾鑿度》太乙行九宮法，以乙、丙、丁為三奇，以戊、己、庚、辛、壬、癸為六像，以甲統之，配以九宮，故名。

⑮卦：即卜卦，也謂卜筮。卜用龜甲，筮用蓍草，皆所以占休咎也(吉凶也)。《書・洪範》：「擇建立卜筮人，乃命卜筮。」傳：「龜曰卜，蓍曰筮，考正疑事，當擇知卜筮人而建立之」。按今用為占卜之通稱。

⑯日徑：徑為步道也，《論語・雍也篇》：「行不由徑。」另猶行也。《左傳・僖廿五年》：「晉趙以壺飧從」。於此解釋經過。日徑為太陽，即自子會至午會，太極之陽儀也，歷經復、臨、泰、大壯、夬、乾等陽進之卦屬，升極而降。

⑰月徑：為太陰，自午會至子會，太極之陰儀也，也須歷經姤、遯、否、觀、剝、坤等陰生之卦屬之，降極復升，而循環無端。

⑱元會運世：為週天之計算單位。

一元十二會（以十二地支子、丑、寅、卯、辰、巳、午、未、申、酉、戌、亥為單元）

一會三十運、一運十二世、一世三十年。故十二萬九千六百年為一元之週天；十二萬九千六百月為一會之周天；十二萬九千六百日為一運之週天；十二萬九千六百時為一世之週天。是以積時可以成世，積日可以成運，積月可以成會，積年可成元，所以推往可以知未來矣。

⑲章蔀紀元：古曆法十九年為一章，章有七閏，四章為一蔀，二十蔀為一紀，三紀為一元。

冬至與月朔同日為章首，冬至在朔日之首為蔀首，蔀法者謂七十六歲，九百四十月，二萬七千七百五十九日也。

《後漢書．律曆志》：「冬至之分，積如其法得一日，四歲而終，月分成閏，閏七而盡，其歲十九，名之曰章，章首分盡，四之俱終名之曰蔀，以一歲日乘之，為蔀之日數，以甲子命之，二十而復其初，是以二十蔀為紀，紀歲青龍未終，三終歲後青龍為元，元法四千五百六十，紀法千五百二十蔀法七十六，章法十九」。

一章=19年

一蔀= 4x19=76年

一紀=20x76=1,520年

一元= 3x1,520=4,560年

語譯

古帝堯為推算歲時節侯之法，其所作之「堯典」，其本制訂一年為三百六十六天，並以閏月來定春、夏、秋、冬四時季節，這乃是古帝堯王當時所使用之甲辰曆法也。無論是古代使用之曆法，或是現今所使用之曆法，甚至中西通用之曆法，總是都依據六十甲子的干支相配法來推算歲時節侯之法的，其各曆法雖有疏密，卻略有小異，各有優劣，故未嘗不盡相同呢？

而且後天八卦，一般學者均認為說：「出自文王之創作」，殊不知在軒轅黃帝的時期，已有丞相風后制定了《風后兵法》，三奇六儀，就是根據「洛書」而來，也即是後天八卦之演變，商紂太師箕子所制定治國之大法《洪範》一書，也是同樣的由來。

先天無極為至靜之本體，而演化到後天有了動作始產生效用，故此本體與動用是來自相同之源頭，也是同一時間而出的。自從子會開天，丑會闢地，寅會生人，其間七曜之日曜太陽，月曜太陰，金曜太白星，木曜歲星，水曜辰星，火曜熒惑星，與土曜鎮星等，已相繼建立完成；從第一個甲子開始到十五代祖師那時為止，已經過了一千一百四十九個甲子，共計六萬八千九百四十年（1,149x60=68,940），雖歷經了這麼長的時間，但可以由一些禽（演禽）、星（星命）、門（奇門遁甲）、卦（卜卦）等之術數推算人之命運吉凶悔吝，以及氣、數、象運行之周流，無論由上推下，由己推求未知，由今推古，皆歷歷可以考證，可謂絲絲入扣，扣扣皆絲之清晰可見。過去之六萬餘年來，太陽之太極陽，而歷經復、臨、泰、大壯、夬、乾等陽進之卦屬，可以坐而推算得知，或是未來的六萬餘年，其太陰之太極陰儀，未來需歷經姤、遯、否、觀、剝、坤等陰生之卦屬，同樣也可推算而得知。

有人提倡一甲子三十年，或一甲子六十年，甚至一甲子九十年之說法，均屬荒唐之事。由此看來，凡是未來有人提出以十二卦之方向來卜筮，或以一甲子九十年來推算術數，甚至一個月以四十五日來計算日期，以這些說法來迷惑人者，都是不經實的談論。

所以凡是我修道之道親們，或是研究曆法之學者，應先將古今之中西曆法，及禽、星、門、卦之術數推演，真宗大道之沿革，天命傳承之根源，先人創八卦重六十四卦次序之妙用等之來考據精微周祥，無論上推或下推之演算，如十二萬九千六百單位之「元會運世」計算法，及古曆法，一章十九年，一蔀四章，一紀二十蔀，一元三紀之「章蔀紀元」計算法，其年月日時之準確，自是瞭若指掌呢！

天機書內，雖有記載，一甲子九十年，一天十八個小時，一個月四十五天；以及原本東西軌道走向之日月，改變為南北軌道走向等等說明，皆是預測之言論而已，不足為信。

讚曰：㈠道統三代前傳承　傳道之春為共稱
五百年興明世證　九劫成道即歸真
㈡老君孔子釋迦連　正相末分各一千
傳道時逢如夏現　道成劫倍始成仙
㈢伏羲八卦象方圓　歷代相傳意境先
甲子古今從未變　先天後域體同源
㈣以往日徑絲絲考　月徑未來歷歷掏
教曆學者研後告　天書雖記寓言嘮

第七條 訓文

凡辦道者，必須通達元、會、運、世①之嫡傳②，然後可講過去、未來③；如不明乎此，而妄談未來之事；是為自欺欺人，乃道中之罪人也。

註釋

①元會運世：有關「元會運世」學說，是宋朝名儒邵康節，根據先天卦象推演，目的是要瞭解天地日月、時辰、萬物消長的時間，他把推演的易數，定名為《皇極經世》。

《皇極經世》所寫的「元會運世」是說明天地壽命，自生至滅到底有多少年，以及中間陰陽變化昇降法則。譬喻地球什麼時候生，什麼時候滅，生滅中大地有什麼變化，人事又是什麼變化，會發生什麼大事情。以「元會運世」配合十二辟卦，就能瞭解中間的變化，請看下圖：

元	會	運	世	年	十二辟卦	記事
一元十二會	子	30	360	10,800	復 ䷗	開天
	丑	60	720	21,600	臨 ䷒	闢地
	寅	90	1,080	32,400	泰 ䷊	生人
	卯	120	1,440	43,200	大壯 ䷡	
	辰	150	1,800	54,000	夬 ䷪	
	巳	180	2,160	64,800	乾 ䷀	陽氣旺盛·道德文明·唐堯盛世之期
	午	210	2,520	75,600	姤 ䷫	夏商周秦·兩漢·兩晉·十六國·南北朝至清明
	未	240	2,880	86,400	遯 ䷠	
	申	270	3,240	97,200	否 ䷋	
	酉	300	3,600	108,000	觀 ䷓	
	戌	330	3,960	118,800	剝 ䷖	氣數盡
	亥	360	4,320	129,600	坤 ䷁	混沌

上圖是是一元之數簡單圖，是根據易經十二辟卦，來記述一元的消長，當然也是一日、一月、一年四季的消長。

圖中十二地支（十二小元會），自第一會「子會」到第六會「巳會」為息（增）。自第七會「午會」到第十二會「亥會」為消（減）。息是陽進而陰退，就是一陽「復卦」升到陽全盛「乾卦」。消是陰進而陽退，就是一陰「姤卦」升到陰全盛「坤卦」。

第一子會開天，第二丑會闢地，第三寅會造人，這三會應在造化生物的初期。到了第六會「乾卦」位是陽氣數全盛期，是人類社會最文明，最有道德的時代，當時堯、舜禪讓，是最完美太平盛世，聖王之治（社會文明不是科技的發達）。那個時代在乾卦的位置，是第六會「巳會」最末一運。也是一元的第一百八十運，二千一百六十世，六萬四千八百年。

由這個原理，推演到第七會「午會」，正是「姤卦」一陰生，由盛轉衰，那個時期正是夏禹八年癸未（公元前二一九八年），此年夏禹卒於會稽，各部落酋長選任益為帝，大禹兒子似啟不服，啟殺益自己繼任為帝。有扈部落起兵反抗，戰於甘邑、有扈部落兵敗，中國公天下制度結束，家天下開始）。從下計算到宋朝嘉祐八年癸卯（公元一０六三年），就是第七會（午會）的第十運，第十運中的第一世，第一世中的第廿一年。等於全元第七會中之三千二百六十一年。

再根據這個原理推算，自午會「姤卦」一陰生開始計算，算到中華民國九十年(公元二００一年)午會才經過四千一百九十九年。就是第七會(午會)中的第十二運(每會有三十運)。第十二運中的第八世(每運十二世)。第八世中的第二十九年(每世三十年)。

②嫡傳：即正傳也。天命師傳；佛佛唯傳本體，師師密付本心。

③過去未來：道脈圖解—天地開闢以地支而系其名，原分四古、亥子丑為太古即混沌之分，寅卯辰為上古即混沌之化，巳午未為中古即混沌之闢，申酉戌為下古即混沌之合；分化闢合四古數盡則天地闔也。由此可知過去為太古混沌之分，及上古—混沌之化；而未來為中古—混沌之闢，下古—混沌之合。

語譯

凡是辨理天道傳承的人，必須先瞭解「元會運世」之天地、日月、時辰、萬物之消長，而配合道統依序正傳的道理，然後才可談過去太古、上古混沌之分與化，及未來中古、下古混沌之闢與合等之天地開闢，如果不能明瞭「佛佛唯傳本體，師師密付本心」之真理，而虛妄談論未來天地造化道脈接續發展之事，則等於是自欺欺人，不符真理實在，就是道場中的罪人。

讚曰：投身辨道曆法通　元會運世嫡正從
識劣妄談往事頌　自欺欺眾乃罪充

第八條 訓文

無極天①，太極天②，乃理性③、氣性④之源。

太極⑤、兩儀⑥、四象⑦、八卦、六十四卦、三百八十四爻⑧、萬有一千五百二十策⑨，悉本於此。

一本萬殊，萬殊一本；絲絲入扣，扣扣皆絲；如不明理、氣源流，而妄談性命者，皆孔、孟之罪人也。

註釋

①無極天：也是最高(上)至靜不動之天，也即無極理天，此理雖神妙，以渾然實條理之分明，至無能生至有，至虛能御至實，超乎九重天之上，貫乎大地之下，雖不離乎氣，則委氣獨立，天地人物之性自此而降，為開物之漸回此天，則為開物之漸。

②太極天：也是宗動天，或稱太極氣天，此天上運星斗，下托大地，中貫萬類，浮沈升降，默運四時，高者輕清而行速，下者重濁而行遲，七政之所以分，八卦之所以判，閏餘之所由起，而氣數之命，氣質之性所由來也，

十二萬九千六百年，此氣為一終始。

③理性：本然之性、道心、元神、明德、至善之性出於理，曰「無極理性」。

④氣性：氣質之性、人心、識神、以究壽、夭、窮、通、智、愚、賢、否之所由來，為氣數之命，出於氣，曰「太極氣性」。

⑤太極：太極為極中之道，淳和未分之氣也。朱子：「易者陰陽之變，太極者真理也」。平情而論，太極渾淪，陰陽未判，不分是氣是理，均在涵蘊未發之中。太極者，太為大也，極為至也，在乾坤未判之前，合乾坤而為一，亦大亦至，故名太極。太極不特是無名之名，而又是無狀之狀，最高無對，立乎天地之先，超乎陰陽之上。

⑥兩儀：太極動而生陽，靜而生陰，於是一分為二，由太陰之渾淪，而佈陰陽之二氣，是謂兩儀。儀者容也，太極原為無象可見，兩儀既有動靜，則可以初見其容，凡屬氣之向外揮發，因而發光發熱，以成萬有之能，即為「陽」。凡屬氣之向內凝聚，因而現形現體，以成萬有之質，即為「陰」，陰陽兩儀，其屬性本來相反，但相反而相成，故宇宙萬有，無一而不是在對待中運行，由自然現象之大小長短，到社會現象之是非善惡，只要有現象發生，便有兩儀的對待原理存乎其間。

⑦四象：兩儀只是陰陽兩種氣化的發端，而氣化性能．流動不居，相互間當然是會迴

續複合，如陽氣化與陽氣化相複合，兩皆為陽，謂之太陽，陰氣化與陰氣化相複合，陰附於陽，謂之少陰；陽氣化與陰氣化相複合，陽附於陰，謂之少陽；陰氣化與陰氣化相複合，兩者為陰，謂之太陰，所有兩儀間的複合，不外這四項途徑，這就是四象。

⑧三百八十四爻：伏羲氏仰觀象於天，俯觀法於地，觀鳥獸之文，與地之宜，近取諸身，遠取諸物，於是始創八卦，而文王則將八卦發揚光大，重為六十四卦，而重卦每卦有六爻，六十四卦乘以六，等於三百八十四爻。

⑨萬有一千五百二十策：於三百八十四爻內，陰陽各半為一百九十二爻，以陽數三十六（推算蓍草時，陽之代表數為九，乘以四〔象徵四時之變化〕得三十六），陰數二十四（陰之代表數為六，乘以四〔象徵四時之變化〕得廿四）各乘以一百九十二，得陽數六千九百一十二策，及陰數四千六百零八策，再加起來，總計一萬一千五百二十策。

語譯

理性—為本然之性、道心、至善之性，是來自於無極理天；而氣性—為氣質之性、人心、氣數之命，是來自於太極氣天，各有其源頭。

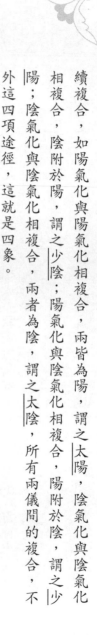

「太極」渾淪，陰陽未判，不分是氣、是理，均在涵蘊未發之中。太極動而生陽，靜而生陰，於是一分為二，由太極之渾淪，而佈陰陽之二氣，是謂之「兩儀」。兩儀只是陰陽兩種氣化之發端，而氣化性能，流動不居，相互間當然是會迴續複合，而形成太陽、少陰、少陽、太陰四種途徑之「四象」。伏羲氏仰觀象於天，俯觀法於地，觀鳥獸之文，與地之宜，近取諸身，遠取諸物，於是由四象演化為「八卦」。而周文王更將之發揚光大，而重於「六十四卦」。每重卦有六爻，則共計為「三百八十四爻」。而後孔子再推廣以蓍草來筮卦時，陽數演化有六千九百一十二策，而陰數演化有四千六百零八策，則總合為「一萬一千五百二十策」，這些全本於無極理天。

這種層層之演變放大，可謂一本散萬殊，而將來分化闔合四古數盡，則天地閏也，則謂之萬殊歸一本；這些演化雖說是絲絲入扣之奧妙無窮，然而據由各種術數之演算，也均能扣扣皆絲的得到瞭解，而還至本處，返璞歸真；如果不明瞭理性與氣性之源流根頭，即想妄談性命之修為者，皆是孔、孟等先聖之罪人也。

讚曰：無極理性究根源　氣性淵流太極天
　　兩儀四象八卦現　萬殊一本絲絲延

第九條 訓文

凡傳道者，必須洞明：「窮理盡性」，「一合理相」①，「三品一理」②之說，到底為何事？然後可以掌道、傳道。如不然，揠苗助長③，上之得罪於聖賢，下之為害於將來；不同三教聖人，是為異端邪說。

註釋

①一合理相：以其用而言，萬事萬物均以因緣聚合而生，緣散則滅，皆是同一無常性之相，無自主性之相。以其實相而言，眾生皆具佛性，眾生與佛本是一體，故曰一合理相。

一合理相也可說為合一的理相，世界上的一切事物，皆是合而為一的現象，就是有了這麼多的合而為一的事務，合而為一，而成為世界，由此我們可以推論到一個團體，一個團體的每一份子，均能合而為一，那麼這一個團體，就是非常圓滿團體，修道的這一件事情，何嘗不是一樣，把諸多之心合而為一心，那麼成道之事，是水到渠成的。

②三品一理：道家所謂三品者，謂人身之精、氣、神三妙品也，《玉皇心印經》云：「上藥三品，神與氣精」，又云：「人各有精，精合其神，神合其氣，氣合體真，三品一理，妙不可言，其聚則有，其散則零」蓋以修煉精氣神使合為一，而至成三花聚頂也。

以精化氣—精滿不思淫—修身。

煉氣化神—氣滿不思食—修心。

煉神還虛—神滿不思眠—修性。

③揠苗助長：喻不察事理，勉強去做，不但無益，反而有害。

典出《孟子．公孫丑上》：宋人有閔，其苗不長而揠之者，芒芒然歸，謂其人曰：「今日病矣，予助苗長矣！」其子趨而往視之，苗則槁矣。

白話：宋國有個人，擔心他的莊稼苗長得太慢，便把它們挨梱拔高了一些，他疲憊不堪地從田裡回來，對家人說：「今天可把我累壞了，我幫助莊稼苗長高了。」他兒子聽了，急忙跑到田裡去看，啊！滿地小苗兒都已萎了。

語譯

凡是受天恩，秉承師命，而獻身傳達大道的人，必須先研究透徹儒家的「窮理盡性」：佛家的「一合理相」；及道家的「三品一理」等之三教真理，到底對人的修持有何作用？然後始能繼承天命來掌理道盤，傳續道脈。

如果不是這樣做的話，根本還沒有認清修道之本源，並找出大道之真相，便急著來傳道而推展道務，就如揠苗助長，很容易傷害到眾生的道心，斷了道親的道緣，這種損害，對上來說，則得罪於聖聖相傳的歷代祖師，其一脈相傳之法門，並且也打亂了整個道盤傳承之秩序；對下而言，為道場的未來，開啟了不良的亂源，造下無邊的後患，因此，我們可以這樣說，若是妄自偏離，不同於三教聖人之心法者，則都是旁門左道之異端邪說。

讚曰：窮理盡性必洞明　一合理相佛教清
三品一理道家印　融通三教貫傳薪

第十條 訓文

『斗牛宮』①之說：有天上斗牛宮，有地下斗牛宮。道統之傳：「花發西川②鋪錦繡，月明北海③慶風雲。」花發西川者，乃道光初年，下元甲子，九紫④當運。西川乃天上「井、鬼、柳」⑤之分，為離宮初度；地下之坤宮。為十二袁祖⑥道傳成都，正當九紫之運。故夏九姑娘通天：夏者—夏至也。九者—紫數也。姑娘者—中女也。「離」乃先天乾位，後天姤⑦位：故曰：「西乾」。袁祖為乾元之體，向後五年一爻，至金公⑧為「剝」⑨卦；至花根滿三十六，為六六之數，而陽盡陰純矣！故金祖之後，二女⑩掌道，乃坤爻之偶數。自癸酉⑪至丁丑⑫，五年六十月，坤爻已終。正當上元甲子，一白當運，青齊⑬乃上天「女、虛」⑭之分，地之艮宮。一陽生於子⑮，三陽成於艮⑯。北海者—一白坎⑰也。故曰：「月明北海慶風雲」。坎宮為地雷復⑱，卦之「震、艮」，坤為先天之震，故曰：「東震」。西者—西川。東者—山東也。三十年前，師度徒；天上自離而至坎，地下自坤而至艮；此離釣坎中客也。三十年後，徒度師；天上自坎而至離，地下自艮而至坤；坎入離中，復還乾元。

故曰：「乾還坤」。

女娘坤中艮⑲，乃三土福地，故曰：「急早回頭歸戊己」。陰陽二土也，此中天機，不敢明言，智者自悟，物各有主，不必爭論矣！非其所有，而強爭者，是為逆天。

註釋

①斗牛宮：謂二十八宿中之斗宿與牛宿也。《晉書．張華傳》：斗牛之間常有紫氣，乃邀雷煥仰觀，煥曰：「寶劍之精，上徹於天耳」。

斗宿：二十八宿之一，玄武七宿之首宿，有星六，均屬人馬座，亦稱北斗，又稱南斗，《詩．小雅大東》：「維北有斗，不可以挹酒漿。」疏：

「二十八宿連四方為名者，唯箕、斗、井、壁四星而已，箕斗并在南方之時，箕在而斗在北，故言南箕、北斗。」《晉書・天文志》：「北方南斗六星，天廟也，一曰天機。」考古質疑：「四方列宿，隨時迭運，姑以春言之，井、鬼、柳、星見於南方，則斗、牛、女、虛為北方之宿爾，以其正當北斗之衡，故彼既曰北斗，則此曰斗，所以別也。」

牛宿：二十八宿之一，玄武七宿之第二宿，有星六，均屬摩羯座，《禮・月令》：「季春之月，旦，牽牛中，又仲秋之月，昏，牽牛中」《史記・天官書》：「牽牛為犧牲」按古時多謂牛宿為牽牛，今則均以河鼓為牽牛。

②西川：謂今四川省之西部也。唐・至德時嘗置西川節度使。訓文則是指成都，及天上相對應二十八宿之井、鬼、柳之分度位。

③北海：泛指北方近海之地也。《左傳・僖四年》：「君處北海，寡人處南海。」訓文則是指八卦一白坎宮之方位，後天八卦屬北方，一白之位，也是地雷復☷☳一陽生之方位。

④九紫：九宮中之離位。

⑤井：即井宿，為二十八宿一，朱鳥七宿之首宿，有星八，屬雙子座，《史記．天官書》：「南宮朱鳥權衡，東井為水事。」《晉書．天文志》：「南方東井八星，天之南門。」

鬼：即鬼宿，為二十八宿之一，朱鳥七宿之第二宿，有星四，屬巨蟹座，星光皆暗，中有一星團，晦夜可見，稱曰積尸氣，西名為praesepe。《觀象玩占》：「鬼四星曰輿鬼，為朱雀頭眼，鬼中央白色如粉絮者，謂之積尸，一曰天尸，如雲非雲，如星非星，見氣而已。」

柳：即柳宿，為二十八宿之一，朱鳥七宿之第三宿，有星八，均屬長蛇座，《禮．月令》：「季秋之月，旦、柳中。」《晉書．天文志》：「柳八星天之廚宰也。」

⑥十二袁祖：又名退安，號無欺、無顛，兄弟排行第十，故又有袁十公之稱，貴州龍里縣人，乾隆二十五年（西元一七六〇）五月十三日生，係元始天尊化身，以稟生皈佛；嘉慶七年（西元一八〇二）得何祖心法，續先天道統，嘉慶十五年（西元一八一〇）由黔（貴州省）入滇（雲南省），道光三年（西元一八二三），由滇入川（四川省），立西乾堂於成都。袁祖入川之初，盤費用盡，日以算命賣卜遮身，夜晚歇宿戲台，苦心勞志，以紅薯充饑達三月之久，其後渡化徐

吉南及楊守一；道光六年（西元一八二六）將道盤交付徐、楊二人執掌，道光十四年（西元一八三四）十二月十五日歸西；著有《萬年歸宗》、《蓮花樂》廿四章、《元旦囑書》、《金不換》等書。

⑦姤：為六十四卦之天風姤䷫，下巽上乾之卦，居南。《序卦》曰：「決心有所遇，故受之以姤。姤者，遇也」。

⑧金公：金秘祖林芳華，道號依秘，又號全元、玉山、崑圃，一謂其本姓藺，避風考始改林姓，係四川敘州府隆昌縣人，祖籍江西贛州府龍南縣，嘉慶九年（西元一八〇四）六月廿五日降生，係先天五老，西方金母化身，於袁十二祖時任五行金部，咸豐八年（西元一八五八）水祖歸西，續掌道盤，任內選賢任能，仗義輸財，開荒國外，以普渡收圓為務，著有《太和堂書帖》（含《歷年書帖》、《調賢佳音》、《醒人助道月調》、《金石箴囑》、《玉山講論》）、《科儀雜表》，領訂《荐恩八則》及《喫緊銘箴》，以作闡道準繩。同治十二年（西元一八七三）四月初十日歸西於漢口，歸葬隆昌。於金秘祖歸西前，將道盤交付素陽、素玉掌理，並曉諭西乾堂弟子嗣後稱師不稱祖，自此西乾道脈移轉，良以道光年間，老中已將十四代祖位，秘授山西姚鶴天接掌，至同治十三年（西元一八七四）姚祖始歸。

⑨剝：為六十四卦之山地剝䷖，下坤上艮之卦，居北。

⑩二女：即素陽、素玉，二姑台也，同治十二年(西元一八七三)癸酉四月初十日金公於漢口漢陽佛堂歸空後，道盤託素陽、素玉，執掌五年。

⑪癸酉：同治十二年(西元一八七三)歲次為癸酉年。

⑫丁丑：光緒三年(西元一八七七)歲次為丁丑年。

⑬青齊：即山東省青州。(濟南)

⑭女：即女宿為廿八宿之一，玄武七宿之第三宿，有星四，三屬寶瓶座。《禮．月令》：「孟夏之月，旦、婺女中。」

虛：即虛宿為廿八宿之一，玄武七宿之第四宿，有星二，虛宿一即寶瓶座β，係美麗雙星，虛宿二即小馬座α，《禮．月令》：「季秋之月，昏、虛中。」

⑮一陽生於子：於十二辟卦中地雷復䷗，為下震上坤之卦，居北，在十二地支上為「子」之方向，而地雷復卦初九爻為陽爻，其餘五爻為陰爻，故曰一陽生於子。

⑯三陽成於艮：於十二辟卦中地天泰䷊，為下乾上坤之卦，在後天八卦中居「艮」卦之位，而地天泰卦之初九、九二、九三等三爻為陽爻，六四、六五、上六等三爻為陰爻，故曰三陽成於艮。

⑰一白坎：一白為九宮中之坎位。
⑱地雷復：地雷復卦☷☳也即一陽生，居北。
⑲坤中艮：於洛書中二黑、「坤」位屬陰土；五黃、居「中」屬土；八白、「艮」位屬陽土。故坤中艮是坤位、中央、艮位而言。

語譯

有關於斗牛宮的傳說：有天上廿八星宿中之斗宿宮與牛宿宮；也有地下的斗宮、牛宮方位之別。

前道統之傳承時有句偈語說：「花發西川鋪錦繡，月明北海慶風雲」。其中「花發西川」的意思是指：在道光初年時，歲值下元甲子之年，大運正是南方離位當運。而「西川」乃是相應於天上之星宿，南方朱鳥七宿的前三宿「井、鬼、柳」之分度上，也即是離宮初度上；而相對應於地盤，則是坤宮。此正說明了第十二代袁祖，在四川成都傳道時，天時正當九紫的大運。所以前有句話說：「夏九姑娘通天」。所謂「夏」者是指在夏至時期；而「九」者，是指洛書中，紫宮之數也；而「姑娘」者，則指四象之中女，也即八卦中之離位也。

離卦在先天是乾位，後天則為六十四卦中的姤卦位，所以叫做「西乾」。因袁祖為乾元之體，故自袁祖於道光十四年(西元一八三四)歸空，由此時開始，為乾卦之代表，向後每五年變一爻，即天風姤䷫一陰生起，至金祖林芳華於咸豐八年(西元一八五八)，繼水祖彭德源而接掌道盤，是為剝卦，山地剝䷖五陰生止，前後共廿五年，而若加上自袁祖創立西乾堂，道光三年(西元一八二三)算起，則後共三十六年，剛好滿六六相乘之數，即為陽盡陰純之時期呢！

所以金祖於同治十二年，歲次癸酉(西元一八七三)歸空，道盤暗寄其義女素陽、素玉二人，執掌五年，至光緒三年歲次丁丑(西元一八七七)，十五代王祖才在山東．青州建立東震堂，並接掌祖師之位，至此前後(自癸酉至丁丑)共五年，代表坤爻已經終了。而且此時正當是上元甲子，大運轉為九宮之一白方位，而山東．青州乃相應於上天廿八星宿的女宿及虛宿之宮位，而於地上則是艮位，此即所謂：「一陽生於子(一白，女虛宮位)，三陽成於艮(地上之艮宮)。」

所謂北海者，即是九宮之一白坎位，位居北，所以說：「月明北海慶風雲」。而坎宮為六十四卦中的地雷復卦，其綜變為山地剝卦，故於地雷復中有「震」，山地剝中有「艮」等之二卦，坤卦在先天是震卦，震在後天八卦中居東，所以稱為東震。此西者是指西川，而東者指山東。

三十年以前，天道之傳承都是師度徒，以在天上之宮位來看，是從離宮而至坎宮，而相應於地面卦位，則是從坤卦而至艮卦；這種現象也就是說離卦要鈞取坎中之一陽。三十年後的十五代王祖時期，則反成徒度師之局面，以在天上之宮位來看，是從坎宮而至離宮，其相應的於地面卦位來看，則是從艮卦而至坤卦；這就所謂坎入離中，使之回復為乾元之本體，所以說：「乾選坤」也。於洛書中，二黑是「坤」位屬陰土；五黃居「中」屬黃土；八白為「艮」位屬陽土，故坤中艮是指坤位、中央、艮位而言，此乃是三土之福地也，所以說：「修道人應即早認清道義，回頭是岸，復歸於中央戊已土之地方。」此陰陽二土(坤土艮土)中，暗藏之天機，不敢講得太清楚，有智慧的人自己去體悟，物物各有其主，修道人不必太過於去爭論呢！

讚曰：㈠斗年宮意道統傳　花發西川鋪錦裝
北海月明風雲慶　天機識破袁祖端
㈡西乾東震道傳承　陽盡陰純二女撐
急早回頭戊己鎮　智者自悟理中申

第十一條 訓文

當時有毀滅三教者，凡吾中國學人，必須將三教聖人之心法命脈；宏其中，肆①其外，徹底講清，實踐深造。

即佛門「南無」②二字，可以闡明《三易》③、《一貫》。《學》、《庸》、及九重天、天外天；本然、氣質，人心、道心。及《仙經》④、《道藏》⑤、《十三經》⑥中蘊奧，無入不通；絲絲入扣，若合符節⑦；方可為會通三教，貫徹天人，理服天下，然後能重整三教之道統。如不明乎此，而妄稱三教者，皆小言破道⑧之習也。

註釋

①肆：極也、放也、謂開放向外之意。遠播外地。

②南無：南者，即先天乾位，乾為天；天則大無不包，一氣流行，寒暑代謝，此為「變易之易」也。又為後天離位，離為日，日則明無不照。朔望盈虧，日月週轉，此為「交易之易」也。

大無不包，明無不照，猶不足以盡佛法之妙。惟無則無微不入，無聲無臭，無形無象，無始無終，無在而無不在，此為「不易之易」也。交易之易，象也，為畫卦之所自來。變易之易，氣也，為序疇之所自來。不易之易，理也，為河圖之所自來。萬物統體之理，為降衷之維皇。物物各具之理，為虛靈之明命。虛靈明命，即南方妙無也。妙無即佛之所謂：「正法眼藏，涅槃妙心、金剛性、舍利子。」也人人有此妙無之性，因拘於氣稟，蔽於物慾，往往有而不知其有，故迷真逐妄，流浪生死，常沉苦海！三教傳心，即傳此南方妙無之心也。

③三易：即不易之易，理也。變易之易，氣也。交易之易，象也。

④仙經：稱道教之經典也。如佛教《清靜經》等。

⑤道藏：道家書之總稱，入藏者凡五千五百冊。明有正統、萬曆二刻，其中所收集多周、秦、諸子。晉、唐佚書，皆據宋、元舊刊，頗多精本，明道士白雲霽有《道藏目錄詳經》四卷，大綱分三洞、四輔、十二類。

⑥十三經：《易》、《書》、《詩》、《周禮》、《儀禮》、《禮記》、《春秋三傳》（《左氏》、《公羊》、《穀梁》）《論語》、《孝經》、《爾雅》、《孟子》等十三種。

先秦之世，早有四術，即四經（《詩》、《書》、《禮》《樂》），六經（《詩》、《書》、《禮》《樂》、《易》、《春秋》之名；漢時樂亡，立《詩》、《書》、《禮》、《易》、《春秋》於學官，定為五經；唐以《三禮》、《三傳》合《詩》、《書》、《易》為九經；至文宗、開成間刻石國子學，又益以《孝經》、《論語》、《爾雅》為十二經；宋列《孟子》於經部，共為十三經。

⑦符節：古出行者所持之一種，《周禮．地官掌節》：「門關用符節。」注：「符節者，如今宮中諸官詔符」。也意為印信憑證也。

⑧破道：即敗道也。

語譯

因時有一些謗道，違理背道，專以邪言惑眾來毀滅三教的人，所以凡是有心來學道，修道的人士，必須將三教聖人之心法命脈，先修好自己之心性，宏揚本身之道德修為，然後渡人化眾，傳承心法，並要徹底講述清楚，躬身實踐深入探討入道法門。

如佛門所說的「南無」二字，就可以來闡明：《三易》、《一貫》；《大學》、

《中庸》；九重天、天外天；本然之性、氣質之性；人心、道心等之深奧真及正反之分別。以及仙人所遺留的《仙經》；道教之藏經集的《道藏》；歷朝各代先哲所遺留之《十三經》。這些經書中所蘊藏之奧秘，可以說是沒有一樣不通徹，不貫通的扣人心田。就好像印信憑證一樣，印證三教心法之真實寶貴，進而融入實踐探討，如此方可會通三教心法，進而貫徹天表人應之效，以真理來降伏天下人心，然而即可以重整三教之道統命脈，如果不明白這些道理，只知三教之心法妙處，而卻疏忽力行實踐工夫，不真修實煉而妄稱是三教之門徒者，這都是小言小道，破壞正道修習的人。

讚曰：發心從道心法行　肆外宏中徹底清
　　　佛創南無三易印　學庸一貫本然新

第十二條 訓文

凡學道者，必須認理認道①，而鸞筆②之事，有正有邪，多有為其誤者。

學者必須認理，虛心求教明人③，自然不至流為邪妄。嘗於漢初，棲息西岐④，啄雪砂以成篆⑤。

註釋

①認理認道：《認理歸真》：道是吾人本性；來自無極理天，在天謂理，賦人為性，又為道心、良心。《中庸》云：「天命之謂性，率性之謂道。」應認性理歸真之道。

②鸞筆：即扶鸞，又稱飛鸞、開沙。夫鸞者，鳥也。嘗於漢初，棲息西岐，啄雪砂以成篆，而傳神意，警戒亂民，匡正頹俗，靈驗異常；故飛鸞乃上天及列聖諸真，假借人手，天人合一，對人類啟示真理之一種方法。所謂：「天不言來地不語，天道藉人把道宣。」然而現今之鸞筆，為何稱之為飛鸞？大概是因為仙佛駕風乘鸞而來，故稱之為「飛鸞」吧？

③明人：〈末後一著〉：「明人在此訴一番。」明人指領有天命的點傳師，代表師尊師母傳道，在此謂傳道之明師。

④西岐：岐山之西邊，陝西省．岐山縣東北方。《寰宇記》：「岐山即天柱山，周鸑鷟鳴于山上，時人亦謂此山為鳳凰山。」

⑤篆：書體之一種。王莽六體書之一，即小篆，今通稱大小篆曰篆書。

語譯

凡是誠心來學道，修道的人，必須認理歸真，認道依行，而那些仙佛降機鸞筆之事，有些是正道的，也有些是邪門的，若是太過於依據那些鸞筆之信仰，恐將有誤差，自古以來修道即是認理修，而不認人修，因修道為「明道」(瞭解道義)，「悟道」(體悟道妙)而並非悟人。故有心學道，修道的人，不可盲從鸞筆之事，必須認理實修，虛心求教於有天命之明師，始能瞭解道真、理真、天命真之妙處，自然不至於流為邪妄之途。

讚曰：凡人學道認理真　鸞筆正邪自探審
求教明人虛悟證　自然不至亡途伸

第十三條 訓文

凡千門萬戶，認理來歸者；必須聽從掌道①之分派，將其所有之事，合盤②交出。

將道理、性理講通，方不至有差之毫厘，謬之千里，自誤誤人之弊。然後因材器使，交於憑據③；方成一團和氣，一道同風，庶幾與道有益無害。方為助天闡道，而為聖賢之亞流④，仙佛之嫡派，光前裕後⑤，流芳萬古⑥也。

不依調度，偷道、盜道、妄傳、妄受者，誓願自己承當；與掌道者無干。

註釋

①掌道：即掌管道盤之祖師也。
②合盤：全部的意思。
③憑據：得道之證明，如三寶中「玄關、口訣、合同」。即證物認同之依據。

④亞流：亞者次也。聖賢之亞流，則次於聖賢的修為級等。

⑤光前裕後：使祖宗有光耀，留子孫以福澤。此說明將前之正派道統使之發揚光大，並福澤於後代之修道人。

⑥流芳萬古：好的名譽、名聲永遠流傳。

語譯

凡事時下之千門萬派中，想要認理歸真來求道修道的人，必須聽從掌道祖師的分派指示，並將其所有身心一切全部投入道場，這樣才可把道理，性理心法貫徹通達，方不至於有差之毫厘，謬之千里，而誤己誤人之弊端。然後祖師會就各人才能分別予以差遣，各交給使命，傳道之憑據與方法，如此才能形成一團和氣，於祖師導下之各個道場，都是相同的作風，這樣對於道之傳承負責，是絕對有益而無害的。

若人人都有這種同心同德之共識，才能成為贊天地之化育，補天地之不足而助道闡道、宏化眾生，雖未媲美聖賢，亦可次於聖賢，繼承仙佛一脈相傳之正派道統，將此承先繼後的道發揚光大，而可福澤於後世修道人，而此好的名聲永遠流傳。

入道以後，若不依從祖師的調度，而借道之名，偷取道中之憑據或盜取道中之真義理論而去妄自傳化，妄受他人者，這種違背當初得道時之誓願，其罪過則自己承當，與掌道祖師無干。

讚曰：千門萬戶齊來歸　需應聽從掌道隨

道性溝通達正位　承先裕後流芳推

第十四條 訓文

斯「道」乃三教合轍之秘，萬聖當歸之蘊。苟非上根利器，天資高、學力到、聞道早者，不能洞徹底裏。如孔聖之徒三千，身通六藝①者七十二人，而一貫之道，顏②、曾③而外，知者落落④。釋迦佛傳道西竺⑤，說法四十九年，大小三百餘會，口吐五千四十八卷大藏經典⑥，後來拈花示眾，一點禪機⑦；惟摩訶迦葉⑧，破顏一笑；靈山⑨會上，人天百萬，悉皆驚疑。

由此觀之，「道」豈易傳之事哉！毫厘之差，千里之謬；以訛傳訛，愈傳愈訛；自誤誤人，其害有不可勝言者。如昔日楊朱⑩、墨翟⑪，其文章志向，豈不與孔、孟齊肩並駕；只是理、氣源頭，見之未悉；天、人開竅，知之未徹；即道行天下，摩頂放踵⑫，難逃異端之名。雖孝子賢孫百世，不能更改。嗚乎可畏也哉！

庚辰條規⑬，必傳授歸一者，恐學道稍有領會者，欲傳入「空色、有無、顯微、費隱，兩在不測之際；範圍天地，曲成萬物之機⑭。」不能窮源究委，焉能信手拈來，左右逢源。

稍有訛傳，即誤善男信女；生死機關，性命大事；人己兩誤，九玄⑮七祖⑯，皆受其累。吾非好勞慈逸，蓋恐他人不似我之盡心；是以傳道領袖，必吾親自拔取，庶幾免於訛謬也。

註釋

①六藝：謂禮、樂、射、御、書、數也。見《周禮．地官保氏》。另謂《易》、《禮》、《樂》、《詩》、《書》、《春秋》，也稱六藝。《史記．伯夷傳》：「夫學者，載籍極博，猶考信於六藝。」

②顏：即顏回，春秋．魯人，字子淵，孔子弟子，敏而好學，問一知十，不遷怒，不貳過；貧居陋巷，簞食瓢飲，而不改其樂，孔子稱其賢；早卒，後世尊為復聖。

③曾：即曾子，春秋、魯、武城人點子，名參，字子輿，孔子弟子，事親至孝，悟聖道一貫之旨，以其學傳子思，後世稱為宗聖，作《曾子》十八篇。

④落落：寥寥無幾。

⑤西竺：指西方之印度而言。

⑥大藏經典：漢譯佛教經典並東土高僧著作入藏者之總稱，略稱《藏經》，亦云《一切經》，但《一切經》之名起於隋，其內容惟佛所說經典及西方釋氏著作；而今之《大藏經》，則併吾國及日本等高僧之著作而稱之。《隋書．經籍志》記梁武帝於華林園中總集釋氏經典凡五千四百卷，沙門寶唱撰經目錄，此佛經有藏之始，唐．開元間，沙門智昇著《開元釋經目錄》二十卷，列五千零四十八卷。其後宋、元、明、清公私刻板甚多，可謂希世之寶矣。

⑦一點禪機：即點開通天智慧眼，露出金剛不壞身之禪機心法也。

⑧摩訶迦葉：頭陀第一，出於婆羅門族，名畢波羅，因父母曾禱於畢波羅樹神而生，故名。佛明道後之第三年始歸佛，年齡比佛長。佛滅後，曾率眾弟子成第一結集，並為心法之承續人。

⑨靈山：佛家所稱靈山，即靈鷲山也，《傳燈錄》：「釋迦在靈山會上，手拈一花示眾；迦葉見之，破顏微笑，世尊遂付以正法眼藏。」

⑩楊朱：戰國．衛人，字子居，或云嘗學於老子，或云後於墨子，其遺書不傳，惟散見於《列子》、《孟子》諸書而已，其說主「為我」，拔一毛而利天下，不為也；與墨子兼愛之說相反。

⑪墨翟：戰國．魯人，周遊各國，仕宋為大夫，嘗止魯．陽文君之攻鄭，絀公輸班以

存宋，其學昌兼愛，尚節用，頗矯當時之弊，徒屬滿天下，遂成為墨家一流，與儒家並稱，門弟子記其所述，有《墨子一書》傳世。墨學大旨有三：兼愛，曰勤、曰儉。兼愛為墨學之精神，而兼愛精神之實行，在勤與儉。

⑫摩頂放踵：摩損頭頂，下至於踵（腳後），極言其犧牲也。《孟子．盡心》上孟子曰：「楊子（楊朱）取為我，拔一毛而利天下不為也。墨子（墨翟）兼愛，摩頂放踵，利天下為之。」

⑬庚辰條規：祖師恐後人心不明，性不見，矢口亂言，以訛傳訛，自誤誤人之弊，故於光緒六年（西元一八八〇年）歲次庚辰立條規，詳細說明傳授末後一著。條規云：庚辰年寫草字寄拜大地眾賢良，

將大道徹中邊窮源究委說細詳，

咱傳的末後著真空妙有古靈光，

徹有無貫顯微盡人合天大妙方。

⑭範圍天地，曲成萬物之機：易學統貫天地造化，不超越自然法則之範圍，天地之道是委曲成全萬物之機能，使萬物生生不息，圓通一切。

⑮九玄：子、孫、曾、玄、來、昆、仍、雲、耳，是為九玄。

⑯七祖：父、祖、曾、高、太、玄、顯，此上七代之祖宗也。

語譯

道乃三教共通秘傳修持之道路，也是成就萬聖必經之途徑。若不是上根上器、天資聰慧、學識淵博，而能體悟聖佛經義，並且早已聞道之人，是不能洞徹道中之奧妙。就如至聖先師孔子，其徒弟有三千多人，而身通六藝之賢人，只有七十二位而已，於當中又能得一貫之道之法門，除了顏回夫子及曾參夫子之外，並無他人，可說是寥寥無幾，少之又少，難怪在《論語．公冶長》篇中，子貢曰：「夫子之文章，可得而聞也；夫子之言性與天道，不可得而聞也。」

釋迦牟尼佛在西方印度傳道時，說法四十九年，大小法會歷經三百餘次，他所演說之真理，後來佛界人士編成大藏經典，共有五千零四十八卷，之後在靈鷲山會上拈花示眾，以此來顯示一點禪機，也即有意據此來點開徒弟們通天智慧眼，於當時之會上，共有人天百萬之多，也只有摩訶迦葉尊者心領神會而破顏一笑，並得佛之妙法真傳，也驚嚇了百萬天人。所以在《指月錄》中釋迦佛曰：「吾有正法眼藏，涅槃妙心，實相無相，微妙法門，不立文字，教外別傳，付囑摩訶迦葉。」由此看來，「大道」豈是輕易可得之事呢！

聖哲云：「天堂地獄兩邊連，任君腳踏那邊船，成仙成畜隨人願，若錯毫厘謬萬千。」大道之奧妙與殊勝，能參透徹悟，並非容易之事，也許僅是毫厘之差，卻有千里之謬，如果不識本身自性佛，而向外勞心費神去求佛，就如磨磚成鏡，百無一成而徒勞無功，所以不悟性理心法，而落入語言文字障，以訛傳訛，則愈傳愈背離本源，結果自誤誤人，其為害不計其數。如在戰國時代之哲學家，楊朱提倡利己主義，主張「為我」。墨翟則提倡兼愛，主張「勤儉」，在當時楊、墨學說充盈天下社會各階層。使天下之言論，不是歸楊，即是歸墨；其文章志向可謂與孔子、孟子並駕齊驅，只是在「理」、「氣」之根本源頭上，未能見解明理，與在天人開竅上，也未能知曉透徹，而就道行於天下，並積極的推動，但亦難逃被認為有異端之罪名。雖然後代仍有孝子賢孫續傳百世，亦不能更改挽救其遺名。嗚呼！這種為知見所迷，以訛傳訛，實在非常可怕。

祖師為了讓世人悟徹天人一貫之道，於光緒六年(西元一八八〇年)歲次庚辰年立下條規，詳細說明傳授歸一的道理，惟恐學道稍有領會之人，即落入對待之中，如空與色、有與無、顯與微、費與隱等之兩在不測之際，即無在而無所不在之迷惑中，以及天地之範圍內，促成萬物生生不息之時機；若不能深究事理始末之原委，於生物之機，以贊天地之化育。不能洞察性源之理，於窮人心、道心之來源，究理性、氣性之本始。若不明本性而被心物意惡所蔽，貪著眼前，認幻景為實境，種種著相，而不能慎心物、軀身物，如此怎能從心所用，通達無我，見自性如來，進而濟世渡人，宏揚於世呢？

稍有誤傳時，可能就延誤了善男信女們之生死性命相關之大事，也即無法超生了死，歸根復命，這種人已兩誤之下，還會連累到九玄七祖都受到其害的。吾並非「好勞慈逸」，實在是性命大事，事關重大，而恐他人不像吾之盡心盡力，所以一些傳道之負責人員，吾必親自選拔，以有自願付出，為道捐軀之優秀人才為用，也就不會有訛謬之傳發生。

讚曰：㈠道合三教秘笈宗　萬聖當歸絲路同

若無上根天資種　何能洞徹道香崇

㈡先師孔聖徒三千　六藝身通七二賢

釋佛道傳四九載　拈花示眾迦葉連

㈢楊朱墨翟著文章　孔孟齊肩並駕長

理氣源頭尚待暢　道行天下異端昌

(四)窮源究委祖師崇　庚辰條規詳佈公

稍有訛傳誤信眾　人己性命盡心同

第十五條 訓文

財乃養命之源，易於起人貪心；貪心便成墮落。其及門之士①，各方功資②，必須分文報上；服食用度，自上領下，方為上下有序，財帛③分明。若各方功資，不行交上，私自用費，以假公濟私論。

註釋

①及門之士：在道中裏辦道務之各階負責人員。
②功資：善男信女們所行功了愿的金錢物質等。
③財帛：帛者，縑素之通名，今謂之綢也，此通稱為物品；財帛即指金錢與物品。

語譯

錢財乃是我生活物資交易之幣，故可謂養人命之來源，但是卻很容易引起人們之貪心，俗語說：「人為財死，鳥為食亡」，而貪心便阻礙了修道之路途，甚至使人墮落，而走入敗亡之道路，就如社會上常發生綁架、搶劫等案件，一切之禍源亦起於人之貪念所致。

各省各地之道務領導負責人，對於各善士之行功了愿之錢財，必須分文報上；而在日常開銷之生活費用，再從上領下，如此始養成上下有序，財物分明之制度，如果各地區之行功財物，不按規定上交時，並私自挪用，則以假公濟私之罪名論。

心得

修道者，處事應至公無私，切莫貪取不義之財，該得者可得，不該得者莫得。如手續不清皆是修道浩然正氣不足，故若動之心則不能為道。《佛規喻錄》曰：「於道手續必明詳，道親若交功德費，一分一文記明章，來清去白手續明，步步而升規律長」，「佛家視此一文銀，比之須彌山之王，妄用公款罪極大，濫用公金天牢藏，故而失慎亦勿可，日夜思察放明光」。

故修道人應切記於心，對於各方善士所行功之錢財，勿起貪念，徹底戒除貪念及避禍之首，若能印刷善書，助人開荒辦道，錢財量力而為獻與道場，現在大道普傳通行萬國九州，慈航遍地，開辦中堂，廣結善緣，皆能行功了愿，拿東方錢財，換西方佛地，可說一本萬利，如求道後，明理要行功，均出乎至誠之心，有財者施捨財物之功，把衣、食、住、行之用以外，可省勤儉，把所儉錢財助道，開班助費，濟人利物，行時時方便，神人歡喜，功德無量，使財之功能更有意義。

讚曰：錢財養命重根源　易起人貪墮落遷
食用分明文佈現　功資私用人天譴

第十六條 訓文

佛有四種弟子：而比丘僧①、比丘尼②、優婆塞③、優婆夷④，固同堂而受業。周文⑤二南⑥之化，亦起自閨門⑦。而修、齊、治、平之序，修身為齊家之本。而格物、致知、誠意、正心，又為修身之本。凡同門道伴，其家人有願聞斯「道」者，大庭廣眾，同堂聽講，男左女右，勿許混雜。聽講畢，各歸各房，不准乾坤同室，不准坤道扶持；男女分清，各免嫌疑。如稍係戀念，便入墮落之途，人禽關頭，只爭一念。故孔子以勿視、勿聽、勿言、勿動。佛門以相，無人⑧、無我⑨、無眾生⑩、無壽者⑪。道門以常能遣其慾。而吾道⑫以戒淫念、戒雜念，為降龍伏虎⑬。詩三百，一言以蔽之，曰：「思無邪」⑭。言雖不同，而義實一也。

註釋

①比丘僧：出家受具足戒之男姓的通稱。

比丘為梵語，亦稱苾芻，出家受具足戒得之通稱，《魏書．釋老傳》：「桑門為息比，比丘為行乞」。《嘉祥．法華義疏》：「比丘名為乞士，上從如來乞法以練神，下就俗人乞食以資身，故名乞士」，按《維摩經．佛國品》肇注：『比丘，秦言或名「淨乞食」，或名「破煩惱」，或名「淨持戒」，或名「能怖魔」，天竺一名該此四義，秦言無一名以譯之，故存本名焉』。

破煩惱：指心中之種種而信，比丘修戒、定、慧三學，消滅貪嗔癡等煩惱，以便達到了脫生死的目的。

能怖魔：六欲天的天魔，希望一切的眾生，皆為其魔子魔孫，永遠受它的控制。可是出家的弟子們目的，卻在跳出三界，以解脫為期盼，大家都很認真的修行，不為天魔所擾，於是魔宮震動，魔王怖畏起來，故謂之能怖魔。

②比丘尼：指出家受足戒之女性的通稱。

③優婆塞：梵語，亦云伊蒲塞、鄔波索迦。義譯曰清信士、近事男、善宿男等；即在家親近奉事三寶和受持五戒的男居士，為四眾或七眾之一。

《涅槃經》：「歸依於佛者，真名優婆塞。」
三寶：佛家以佛、法、僧為三寶。
佛者：大覺之人。
法者：佛所說之教法。
僧者：依佛之教法而修業之人也。
四眾：佛家語，亦云四部眾。《藥師經》：「若有四眾，苾芻、苾芻尼、鄔波素迦、鄔波斯迦。」苾芻、苾芻尼即比丘、比丘尼；鄔波素迦、鄔波斯迦即優婆塞、優婆夷。比丘等為舊譯，此新譯也。
七眾：佛家語

㈠比丘：受具足戒之男眾。
㈡比丘尼：受具足戒之女眾。
㈢六法尼：學六法之女眾。
佛門學法女所學之六法：不淫、不盜、不殺、不妄語、不飲酒，不非時食等。
㈣沙彌：受十戒之男眾。
㈤沙彌尼：受十戒之女眾。
沙彌十戒：不殺戒、不盜戒、不淫戒、不妄語戒、不飲酒戒、不坐高廣大床戒、不著花鬘等戒、不歌舞(亦不觀聽)戒、不蓄金銀寶物戒、不非時食戒等。

㈥優婆塞：受五戒之男眾。

㈦優婆夷：受五戒之女眾。

此中前五眾為出家，後二眾為在家。

④優婆夷：梵語，亦云鄔波斯迦，義譯曰清淨女、清信女、近善女、近事女；近事三寶之義，總稱受五戒之女子也，為四眾或七眾之一。

⑤周文：周朝的禮樂制度。

⑥二南：謂《詩》之《周南》、《召南》也，《詩序》疏：「二南皆文王之化。」

周南：《詩・國風》之一，皆周國之民俗歌謠。《詩經原始》：「周地名，在雍州・岐山之陽，周太王始居之，故國號曰周，至武王有天下，又分其地以為弟旦采邑，而此時之周，則周初地名，其時所採民間歌謠，得自周地者均繫之曰周；南者何也，周以南之地也，大略所採詩皆周南詩多，故命之曰《周南》」。

采邑：卿大夫所封食邑也。采官也，因官食地，故曰采地。邑——古稱城市。

召南：《詩・國風》之一，《詩經原始》：「召地名在岐山陽，(古召伯采邑，初封時之故城在今陝西省．岐山縣西南，亦曰召亭；後徒而東，在今山西省．垣典縣東，亦有邵亭)武王得天下，封奭於召以為采邑，其所採民間歌謠謂《召南》，蓋皆召以南之詩，召與周近，地同俗同，故詩之音亦略同。」

召伯：召公．周文王庶子，名奭。

二南為正風，所以用之閨門鄉黨邦國，而化天下也。太史公曰：「周公論歌文武之德，宣周、召之風，明堂位，周公踐天子之位，以治天下，六年朝諸侯於明堂，制禮作樂，是二南乃周公攝政六年時，特取之以入樂，使天下誦而歌舞之也，而其內容則述文、武之德」，故孔子曰：「吾於周南、召南見周道所以成也。」南方之國，閨門之教，皆因文王后妃之化，以成俗尚之美矣

⑦閨門：內室之門也。《禮記．樂記》：「在閨門之內，父子兄弟同聽之，則莫不和親。」《後漢書．鄧禹傳》：「修整閨門，教養子孫，皆可以為後世法。」其意為內聖之修為也。

⑧無人相：沒有見人勢利，攀援不已，見人萎弱，嗔壓不已，嫉人之有，吝人之求也。

⑨無我相：沒有不自愛其身者，終日營營，爭名奪利為一身計，又為子孫計也。

⑩無眾生相：沒有好事歸於己，惡事施於人。

⑪無壽者相：沒有對境取捨分別，焚香禱祝，為求現在福田，煉藥燒丹，希望長生不老也。

⑫吾道：即奉天承運，大開普渡之天道也。

⑬降龍伏虎：以龍虎喻心火與腎水，伏制嗔怒與情慾，使心火下降，腎水上潤，謂之降龍伏虎。

⑭詩三百，一言以蔽之，曰：「思無邪」：典出《論語．為政第二》。昔孔子刪詩上取商，下取魯，凡三百一十一篇，自秦火之後，燬去六篇，今所存者，三百零五篇，分《國風》、《小雅》、《大雅》、《頌》四體。用一句話可以包括全部意義，就是思想公正，絕對沒有一些邪僻。

語譯

佛陀有四種弟子，即比丘僧、比丘尼、優婆塞、優婆夷，乃同堂接受佛陀之教導。

周朝的文化禮樂制度，以《周南》與《召南》之正風，特取之以入樂，而使天下誦而歌舞，以達禮化之境，此均起自於內心之修為。而修身、齊家、治國、平天下之秩序，以修身為齊家之本源。而格物、致知、誠意、正心，又為修身之根本。

凡是同道場之信士，其家人若有願意來聽道理者，在大庭廣眾，同堂聽講時，男生坐左邊，女生坐右邊，絕對不許混雜。聽講完畢，各歸各人禪房，不准乾坤同室，也不准乾道對坤道的扶持；如此端莊誠敬，男女分清，各免發生嫌疑，而落人口舌。如果稍有妄動邪念，便可能墮落而入輪迴之途，在此人禽之天堂與地獄的重要關頭上，慎防一念之差。

故儒門孔子以「非禮勿視、非禮勿聽、非禮勿言、非禮勿動」之四勿來勸化門徒；佛門則以「無人相、無我相、無眾生相、無壽者相」之四相來勉勵弟子；而道門更以「常能遣其慾，而心自靜」來引導信士；而我奉天承運，大開普渡之天道，即以戒淫念，戒雜念，來作為降伏嗔怒與情慾，使心火下降，腎水上潤之目標。

《論語．為政第二》有云：「詩三百，一言以蔽之，曰：思無邪」，其意是說：《詩經》有三百多篇，但用一句話可以包括全部意義，那就是思想公正，絕對沒有一些邪僻的。雖然各教所說的話不同，而其涵義都是一樣的。

讚曰：㈠佛家弟子受業同　治平修齊依序通
勿許混雜規戒共　遵行正道男女從
㈡孔門四勿重修心　四相佛傳棄人情
遣慾道引淫念禁　降龍伏虎性心清

第十七條 訓文

家有千口主事一人，一則理。國有三公①莫知適從，二則亂。故五花②十葉③，必受命於當家一人，頂④、保⑤、引⑥、證⑦，恩執⑧、眾生，受命於五花十葉，尊卑有等，上下有分，方可有條而不紊。如大小領袖，各自當家，不尊上命，是為混亂佛綱，公義責罰。

註釋

①三公：周以太師、太傅、太保為三公；西漢以大司馬、大司徒、大司空為三公。條內三公之涵義，指有三個領導人之情形。

②五花：即五行，分金行、木行、水行、火行、土行計五人，在總堂輔佐祖師協辦道務，由仙佛選任或由祖師委派之。可以代理祖師行使職權。

③十葉：又稱十地。地任，分佈十方督辦道務。早期先天道將全國劃分十個地區，每地區置十地一名，通常轄二個省份，亦有轄一個或三個省份者。十地一職，由祖師就頂航升任之，其職權除督導區域內頂航諸級外，亦可授職引恩以下諸級，凡任十地者，均以「道」字為號。

④頂：頂航，又稱頂任，掌理一省之道務。其意義為「頂者，頂祖師之心志；航者，掌渡人之慈航也。替祖傳恩，代天宣化。」凡為頂航者，均以「運」字為道號。

⑤保：保恩，係一省之副辦，輔任頂航襄理道務，在編制上，一頂航配置一保恩，故頂保往往並稱，其職權為眾生領天恩時，需由其保舉方可領恩，凡任保恩者，均以「永」字為道號。

⑥引：引恩，為引薦天恩，以調賢良，為天恩之師，眾生領天恩時，需由引恩擔任引進，凡任引恩者，均以「昌」字為道號。

⑦證：證恩，為勵正天恩行持，及拜佛，堂規而設，屬於監察性質的職務，其職係由十地就天恩中升任之，凡任證恩者，均以「明」字為道號。

⑧恩執：天恩，也即傳道師，辦理眾生求道，修道事宜，是最基層的頭領，在選拔上十分嚴謹。《三元修規》序載：「天恩為佛領袖要有榜樣節行，有財能捨救眾，無財捨身度人，引度賢良男女，又要遵守規程，又要行持檢點，又要除卻貪嗔，又要不辭勞苦，又要活潑經綸，又要低心下氣，又要不畏死生，又要識人好歹，又要認真大道，又要富貴不淫，有這些才德，即可憑佛領恩。」眾生領天恩，尚須學習表文，開道規則，並須精研道義，方可開示傳道。

語譯

在古代一個大家族雖有千人之多，但主事者大都推舉輩份最高，有德望者當任，凡事依為主導，分派各種事務，有事有問題皆請教於他，如此，這個家族，即非常之和諧，有條理，所以說這個主事者，即為真理。

一個國家，國君無能，主權落於三公身上，在相互爭權的當政下，誰也不服誰，百姓則不知聽從誰的，這種多頭爭權的結果，國家即會混亂不安。

所以五行十地的各領導者，要聽命於祖師一人的指揮，而依次的各階負責人，如頂航、保恩、引恩、證恩、天恩至眾生，則聽命於五行十地的安排與指導，這種有規律的編制及層層負責盡職制度，可謂尊卑有等，上下有分，始能達到有條不紊，有序不亂的境地。如果各階層的大小領導者，各自當家，互不聽從上級指揮，則混亂了佛規禮節，是非無法分辨，即會引起公眾之義責與懲罰。

讚曰：家有千口一人宗　國篡三公莫適從

上下有等道場重　井然有序一貫同

第十八條 訓文

事有常變，道有經權；開創、守成各有其宜。

現今西乾①道統，日就紊亂；三華②以西華為魔，西華③以三華為魔；降至今日，三華之分，不知其凡幾；西華之分，亦不知為有凡幾，彼此爭論，一概成魔。故 無皇聖中，降臨東震④，倒掛金牌⑤，更上換下，掃除一切有象，旁門小術，而同歸先天一貫，窮理盡性，至命大道。

此「道」費隱兼該，顯微同源，明體達用，有序有條；非我親傳親授，不能泛應曲當⑥。不能超出一切，焉能修服一切。再者十字手印憑據，他人未有全者；必吾親到方可服眾之心，釋眾之疑。

故當時雖係收圓，實同開創，事無鉅細，必吾親自料理一番。迨至萬法歸一之後，分定然後制禮，此乃通權達變之時，而非處常守成之時；仰眾悉知見諒，莫謂我攬權好事，予不得已也！

註釋

①西乾：道光三年(西元一八二三年)十二代袁祖自雲南開道四川，在成都設立西乾

堂，以此為中心，積極向各地開展道務。

②三華：同治十二年(西元一八七三年)金秘祖歸空後，道統天盤混亂，以金秘祖時之三位頭領：余道龍、謝道恩(秋帆)、韓道宣(雲和)為首開創三華堂，其勢力龐大，囊括了大部份西乾堂之堂口及十地、頂保等。金公掌道，癸酉回天，暗託玉、陽，暫掌天盤，生枝分葉，是余、謝、韓，自稱三佛，啟奏上天，天命可請，任口胡言，金公回文，屢屢批判，挽回魔心，恐誤良賢，執迷不悟，老中怒焉，即收三魔，捶壓陰山。(歷年易理)余、韓、謝等仗功高，妄想掌標，不扶斗標，三人皆已喪陰曹，可惜功勞，枉自徒勞。(白陽聖訓)

③西華：金祖於同治九年，歲次庚午(西元一八七〇年)更太和堂為西華堂，至金祖歸西，天命道統暗託素陽和素玉暫掌天盤五年，西華堂仍沿用。

④東震：光緒三年(西元一八七七年)王祖承運道統，由山西、太原府・西乾堂，轉回原籍青州・益都縣，改稱東震堂，所以東震堂繼續西乾，乃係暗轉盤。

⑤倒掛金牌：光緒三年老中親選三極、十地、十閣位全，頂保引證天恩，從頭改換新添，以前開荒果位不算，再憑中分班，東震接天命，重立天盤。命王祖執掌道統，當時眾領袖雖不敢違天命，然而忿者多矣，於是各立門戶，以亂道統。

⑥泛應曲當：覆應使用，即明白其所指。

語譯

萬事隨著環境的因素，常會有變化，而道脈因各時期之傳承，也有其不同的應運與與經營，所以道統於各階段的開發與守成，都各有其適當之方式在運作。

現在西乾堂的道統，已日益紊亂，並分裂成三華堂及西華堂兩路線，三華堂的信士，認為西華堂不是正派道統的邪教；同樣的西華堂的信士，也認為三華堂不是正派道統的邪教。道統傳至現今，三華堂之分裂，已不知成為多少支派；而西華堂之分裂，也不知成多少支派，大家互相的爭論，生起不平及排他的心，也是說大家心中都已著魔。所以無皇聖中，降臨於東震堂，重立天盤，親選三極、十地、十閣位全，頂、保、引、證、天恩從頭改換新添，以前開荒果位不算，再憑老申分班，整頓道場，更換祖師領導，將掃除一切有象的執著，及旁門邪道的雕蟲小技，而同歸於先天一貫，來窮理盡性回復於人人本有良知良能之修持，好達到至命大道之境界。

這「道」可說是費隱兼備，而其彰顯及隱微，均來自相同之源頭，若修道者能明體達用，其行事即有秩序有條理的，故非要有祖師的親自傳授，是不能泛應曲當明白其所指，即不能超越凡俗一切慾望，怎能收伏內心的一切雜念呢？再說十字手印的憑證，其他外教從沒有能完全明白的，必須祖師親自來說明，方可屈服眾人之心，解除眾人之疑惑。

所以當時道的救世雖然是收圓時期，其實如同開創時的重新整頓，所以事情無論大小，無論困難容易，必須祖師親自料理一切。等待所有外教之千萬法門，都歸於一貫大道之後，各階層之編制分別派定，然後就可以制定佛規禮節，此時乃是通權達變的階段，而並不是處在以常能守成之時期，還仰望大家能瞭解能見諒祖師的作為，不要說祖師是在攬權好事，實在是不得已而這樣做的。

讚曰：㈠世間萬事常變遷　道務經權轉換銜
三華西華魔各鑑　彼此爭論難登天
㈡無皇聖中道東開　更上換下倒金牌
諸象掃除邪術蓋　先天大道重新栽
㈢十銜手印憑據全　釋眾懷疑祖親宣
雖述收圓開創見　艱辛載道一脈延

第十九條　訓文

聖賢學問，必本末兼該，體用並重。學有真實經濟，方可以處則獨善，出則兼善。

如大禹之序疇①，文王之翻卦②，孔子之繫辭③，邵子④之經世⑤，自風后、太公⑥、子房⑦、武候⑧，以來原有一脈真傳；只是世風日下，學不歸真，其學盡矣！

今幸天不愛道，洩漏一線玄機；故性命工夫而外，制禮、作樂。《易學》、《甲學》⑨、《乙學》⑩、《壬學》⑪、《禽學》⑫、《曆學》⑬，各有入門真法，學者必須各精一業，不必貪多，方可致用。然又必須誠實安分者，傳之方不致有遺害流毒，妄洩天秘之譴。

註釋

①序疇：敘述上天所賜九類治國之大法。

九疇：禹治洪水，天所賜禹言大法九類也，《書．洪範》：「天乃賜禹《洪範》九疇，彝倫攸敘。初一曰五行，次二曰敬用五事，次三曰農用八政，次四曰協用五紀，次五曰建用皇極，次六曰乂用三德（乂通艾、治也，才德過人之稱），次七曰明用稽疑，次八曰念用庶徵，次九曰嚮用五福，威用六極。」傳：「天與禹、洛出書，神龜負文而出，列於背有數至於九，禹遂因而第之，以成九類。」疏：「疇是輩之名，言其每事自相為類者九，九者各有一章，故《漢書》謂之九章。」王充耘曰：「九疇非始於禹，蓋聖人迭興，立法創制，先後錯出而無倫，至此敘為九章，而聖人治天之大法，首尾完具，粲然如指諸掌，則自禹始耳。」

②翻卦：變換八卦之方位，所謂先天翻後天。

先天八卦：東離、西坎、南乾、北坤、東南兌、西南巽、東北震、西北艮。

後天八卦：東震、西兌、南離、北坎、東南巽、西南坤、東北艮、西北乾。

文王依八卦翻重為六十四卦，以推算更多之卦理。

③繫辭：孔子作傳（十翼）來闡明《易經》經文，史記孔子世家：「孔子晚喜《易》，序彖、象、說卦、文言、讀《易》韋編三絕。」

十翼：彖上下、象上下、繫辭上下、文言傳、說卦傳、序卦傳、雜卦傳等。

繫辭傳：是《易》的整體概論，使《易》不僅止於占卜，更提昇成為高度之哲學，在我國哲學史上，是一篇極重要之論文，《繫辭傳》又稱「大傳」篇內講道最為具體，從道之體用談到生生不已，富有日新之大義，莫不具備，論陰陽，認定是一切變化之樞機。論「數」便說數可以贊助天地之化育，論「象」說象在卦爻之中，舍卦爻不足以言象。對於先聖作《易》之宗旨（以準天地），作《易》之時代，作者之身世，皆有論述。故《繫辭傳》對於經義，易道之詮釋，尤為精至。

④邵子：即邵康節、邵雍、宋．范陽人，字堯夫，嘗受圖書先天象數之學於北海、李之才。精《易》；以《周易》為文王所著，為《後天易》，而伏羲所著為《先天易》，乃作《先天卦位圖》，兩以遺逸被薦，授官均不赴；讀書共城、蘇門山、百泉上，耕稼自給，名其居曰安樂窩，自號安樂先生，宗其學者，稱為百源學派，卒諡康節，著有《觀物篇》、《漁樵問答》。

⑤《經世》：即《皇極經世書》，凡十二卷，宋．邵雍撰，六卷以前以《易》六十四卦配元、會、運、世，起於帝堯至後周、顯德，推其治亂之蹟；七卷至十卷為律呂聲音，是為內篇；十一卷、十二卷為觀物篇，即外篇也，其說借《易》以推衍，而實無關於《易》，故朱熹以為《易》外別傳，後鄭松續為之，自宋迄金亡，凡二百七十五年，於雍所紀三千二百十六年間，頗有更定，書法尤謹。

⑥太公：呂尚也，周東海人，本姓姜氏。其先封於呂，從其封姓故曰：「呂尚」；字子牙，年老隱於釣。文王出獵，遇於渭水之陽，與語，大悅曰：「吾太公望子久矣！」因號太公望，載與俱歸，立為師，為文王四友之一。武王尊為師尚父；武王滅紂有天下，尚謀居多，封於齊營丘得專征伐，為大國，世傳其兵書有《六韜》六卷。

⑦子房：即張良，西漢韓人，字子房，其先五世相韓、秦滅韓，良悉以家財求客，為韓報仇，得力士狙擊始皇於博浪沙，誤中副車，乃更姓名，亡匿下邳；尋受兵法於黃石公，佐漢高祖滅項羽，立天下，封留侯。晚好黃、老，學神仙辟穀之術，卒謚文成。

⑧武侯：即諸葛亮，三國蜀漢瑯琊人，字孔明，躬耕南陽，劉備三訪其盧，始獲見，既出，佐備敗曹操，取荊州，定益州、漢中地，建國蜀中，與魏、吳鼎足而立，備即帝位，拜為丞相，備死，輔後主，封武鄉侯，領益州牧，東和孫權，南平孟獲；復屢出兵攻魏，志在恢復中原，重興漢室，後卒於軍，年五十四謚忠武，有《諸葛丞相集》。

⑨甲學：奇門遁甲，術數之一種，亦簡稱《遁甲》。《圖書編・奇門遁甲編敘：「昔大撓造甲子、風后復演為遁甲，其法幽深隱秘，未易窺測，故謂之遁也」按

《後漢書．方術傳》注：「推六甲之陰而隱遁也。」是以甲為六甲，遁為隱遁，一說此法起於《易緯．乾鑿度》太乙行九宮法，以乙、丙、丁為三奇，以戊、己、庚、辛、壬、癸為六儀，以甲統之，配以九宮，故名。世傳於九天玄女、黃帝、風后者皆不足信。又按《雲麓漫鈔》，謂遁甲當作循甲，以漢郎中鄭固碑「逡遁退讓」，遁即循字為證，循甲，言以六甲循環推數也。

⑩乙學：即太乙數，術數之一，不知起於何時，惟《史記．日者列傳》：術數七家，太乙家居其一。又《漢書．藝文志》五行家有《泰壹陰陽》二十三卷，泰壹即太乙，則其術在漢以前固已有之；考《易緯．乾鑿度》有太乙行九宮法(鄭玄以太乙為北辰神名)唐、王希明之《太乙金鏡式經》其法實本之，則此術起源於《易緯》可知，據《太乙金鏡式經》，其法不惟能占內外災福，水旱兵喪，饑饉疾疫並可占古今治亂興亡等，此《漢書》所載陽九百六等語之所由來也。

⑪壬學：即六壬，占法之一，與太乙，遁甲世稱三式，以五行始於水，故曰壬；天一生水，地六成之，故曰六，其法原本於《易》，有六十四課，並以天上十二辰分野謂之天盤，地上十二辰方位謂之地盤，天盤隨時運轉，地盤則一定不易，天盤之子謂之伏吟；天盤之子加地盤之午，謂之反吟，六壬以日躔為

用，如正月日躔在亥，用午時則是天盤之亥加地盤之午也，視日所加臨，遂以其日所值支干，在天盤者，視其加地盤何辰，以起上剋下剋，則時之吉凶可知矣，此法由來甚古，相傳九天玄女嘗授黃帝以破蚩尤。《隋書·經籍志》、《唐書·藝文志》，《宋史·藝文志》，均載有《六壬》之書，近世占卜所用者，多依明人所著《六壬大全》。

⑫禽學：即《演禽相法》，術數之一；以星禽推知人吉凶及其性情嗜好者也（星即十二星行曆，十二宮宿度；禽如《演禽通纂》所載三十六禽喜好吞啖是）其書載《道藏》，蓋本神仙之說，今存者有《演禽通纂》。

十二星行曆：玄枵（子、寶瓶宮），星紀（丑、摩羯宮），析木（寅、人馬宮），大火（卯、天蝎宮），壽星（辰、天秤宮），鶉尾（巳、室女宮），鶉火（午、獅子宮），鶉首（未、巨蟹宮），實沈（申、雙子宮），大梁（酉、金牛宮），降婁（戌、白羊宮），娵訾（亥、雙魚宮）。

十二宮宿度：星相家以命宮，財帛、兄弟、田宅、男女、奴僕、妻妾、疾厄、遷移、官祿、福德相貌為十二宮；星命家以十二辰逆推，如命宮在寅，則財帛在丑；兄弟在子，餘類推；相術家以身體部份分配之，如眉間為命宮，鼻端為財帛，兩肩為兄弟，眼角為妻妾之類。

⑬曆學：即曆法，以日、月、年記時之法，世界曆法，無論何地，大都起源於月，即大都先有陰曆，而後有陽曆。陰曆以太陰繞地球一週（二九．五三〇五八八日）為單位，所謂月是也。陽曆以地球繞太陽一週（三六五．二四二一九日）為單位，所謂年是也。

語譯

身為聖人、賢人，他們的學識素養，必須是修身養性（本），與處世之道（末）兼顧，德性仁心（體）與助人渡眾（用）並重。於學習上抱著經天緯地，救人濟世的本懷，才可達到——在靜時可以獨善其身，在動時可以兼善天下。

如大禹皇所著之序疇，即《洪範九疇》是天文物理，修身治國之道。文王會一氣流行之數，翻伏羲先天之靜體，作後天動行之象，文王則之而翻卦象，或得其數，或得其象，踵事增華而後之大用彰矣。孔子所著之《繫辭傳》，是窮理盡性以至於命，從道之體用談到生生不已，富有日新之大義，莫不具備，論陰陽而認定是一切變化之樞機；論數便說數可以贊助天地之化育；論象，說象在卦爻之中，舍卦爻不足以言象。邵雍所著之《皇極經世》，六卷以前以《易》之六十四卦配元會運世，可推其治亂之蹟；七卷至十卷為律呂聲音之原理；十一卷、十二卷為觀物篇。自黃帝時代的六相之一風后；周朝文王之師姜太公；西漢君師張良；三國時扶助劉備打天下的諸葛亮等，他們都有經過名師的一脈真傳，內可修身養性，外可安邦治國。只是世風日下，人心不古，雖學有真道，但無用於正道，故其學問與性理上，無進一步之發展而後繼無人，致窮途末路矣！

現今非常之幸運，上天不愛惜道，而洩漏了一線之玄機，其實是上天慈悲，大道普傳，啟開千古不明之真理，將寶貴大道的深奧機密，洩漏於善男信女；故除了超生了死，歸根復命之性命工夫以外，因知理之常而不變，可以制禮；及知氣之變而有常，可以作樂。所以一些學識法門，如易學甲學、乙學、壬學、禽學、曆學等，都各有入門之真法，有心之學習者只要精通一項，不必貪多學習，因十藝九不精，多而無益。共要一樣一樣的學習，等學了精通熟練以後，才可以學以致用，產生效果。然後又必須要誠實安份，因有些人把所學的不用正道來指導後學，而用個人不當的心態，做不正當的行為斂財、騙色等。故必須以誠實安份來傳承，才不致有遺害後學，流毒於後世，或妄洩天機秘密，而遭天譴人怨。

讚曰：㈠聖賢學問體用兼　經濟真實善心綿
古往賢哲真不現　世風日下真傳遷
㈡今逢大道顯玄機　性命工夫禮樂及
眾業專一方致用　誠實安份建先基

第二十條 訓文

現今千門萬戶，皆稱師稱祖，豈知真祖只有一個，餘皆烘名①闡教，混度大地人緣者。

吾等逢門即度，其歸與不歸，無關輕重。自中洲會②，燕南趙北③；江濱會④，星盤已齊。

今日逆水行舟者，為原人也。其各門之人，果係佛門棟樑；必神差鬼使，預有先兆，見面聞風，爭先來歸。其不來者，必先前辦道，奢華枉費，敗壞倫常，名填黑籍者⑤。

末後大道，會三教而歸一，合萬法而不二。得者成仙，見者成佛，修者成聖。「若是根薄緣份淺，難入龍華古道場。」不惟自己不進，反去阻隔他人有誤。無皇聖中，收圓大事，各人誓願，各人承當。「佛家一粒米，大如須彌山，誤了末後事，披毛戴角還。」

註釋

①烘名：假借道名之意。

②中洲會：光緒五年（西元一八七九年）己卯年續開道中洲（河南），在風后山訂定章程。此即說明王祖於光緒五年，在河南一帶傳道，並訂定《修道章程》。

③燕南、趙北：燕國之南邊及趙國之北邊。後燕時期為晉朝十六國之一，其盛時，有今河北、山東、及河南北部，遼寧西部、及山西東部等範。

趙國（前、後趙）為晉朝十六國之一，其盛時有今山西、陝西中部、東西部、甘肅東部、河南北部等地，後趙更為十六國中最強。

④江濱會：於《歷年易理》癸未又帖云：「會星山淮濱會度的九曜，洪鍾會喚醒了社令城隍」，內之淮濱會及洪鍾會即是江濱會。

⑤黑籍：閻羅王列為黑名單之受管者。

語譯

現今之千門萬教，如道家有三千六百旁門，佛家有九十六外道，這些左道旁門，萬教齊與，皆自立門戶，自稱師稱祖，豈知真祖師只有一個，其餘皆是假借真道之名在傳教，混淆在渡化大地有緣之眾生。

老祖師說：我們凡是遇到有緣之人，即要渡化他們，用心的渡化他們，成全他們，至於他信不信，修持不修持，能不能歸根認中，則無關我們的責任，這是他們的緣份問題。

自中洲會在燕南、趙北地區，開荒佈道，來渡化有緣眾生，拯救迷徒，並在江濱會上，也渡了日曜太陽、月曜太陰、金曜太白星、木曜歲星、水曜辰星、火曜熒惑星、土曜鎮星、羅猴黃旛星、計都豹尾星等九曜星辰，以及社令城隍與二十八星宿等，可謂星盤已齊。

今日真修實煉的人，而能如逆水行舟，不進則退之奮發精神，即為上天之原人也。其他各門派的人，若是佛門中之棟樑人才，必定是上天派來或鬼神差使而來的。當他們預先感到有真道的預兆時，不論是親自見到，或是耳聞，都會爭先恐後的前來歸順。其他不來入道的人，並非是大根大器，而必定是先前辦道時，過度的奢華浪費，及敗壞道中倫常者，將被閻羅王列為黑名單受管，而難逃六道之輪迴。

末後的大道，是會總三教而歸一的，也是整合萬法之不二法門，即古人所謂的三教歸一，萬法合一，所以有緣得道者可以成仙；而能現出真如佛性者可以成佛；而達修持至一塵不染者可以成聖，這也就是說，遇之者三生有幸，錯過佳期者後悔已晚，則六道輪迴生死，萬劫難脫。聖哲說：「若是根薄緣份淺，難入龍華古道場」，其意是說，若是根基較淺及緣份較薄的人，很難進入龍華之古道場內證得正果，返回理天朝拜中娘。要是不但自己不肯上進修持，反而又去阻擋他人或引入邪道而有誤，則無皇聖中所辦理的收圓大事，每個人於入道時所立下的誓願，將由各人去承當的。就如佛家有一句話說：「佛家一粒米，大如須彌山，誤了末後事，披毛戴角還」，既使是在道場中，幫忙做一些被認為不是重要的事，其功德仍是很大，有如須彌山之浩大；如果耽誤了他人修末後之大事，則將墜入四生六道輪迴生死，萬劫不能超生。

讚曰：㈠千門萬戶皆稱祖　豈識真祖皇中輸
闡教烘名天不註　混淆大地人緣屬
㈡中洲會上道初開　趙北燕南修眾來
群會江濱宏道載　星盤已聚共承台
㈢各門賢士道行張　枉費奢華敗倫常
猶是根薄緣份喪　龍華難入古道場
㈣佛家一米惜珍藏　其貴大如須彌山
末後道場耽誤慢　披毛戴角往生償

第二十一條 訓文

學道之人，必須仁義為本，忠信為先。在官者，忠於其職，靖恭爾位①。在野者，奉公守法。不許做宰殺、酒家、煙館、賭局、花柳②敗類之絜，致玷清規。

至於三教聖人之道，雖係正事，然德修謗興，道高毀來；文王難免羑里之囚③，孔子尚有陳、蔡④之厄。

故聖人云：「欲作精金美玉的人品，須從烈火中煉來；想成掀天揭地的事業，當自薄冰上履過。」不受苦中苦，難為人上人；不受魔難不成佛。「故天將降大任於斯人也，必先苦其心志，勞其筋骨，餓其體膚，空乏其身，行拂亂其所為，然後動心忍性，增益其所不能。」

古之修道者，皆然。今人何獨不然？疾風知勁草，板蕩⑤識忠臣。歲寒然後知松柏之後凋也。長春真人⑥曰：「為人誰不遭魔劫，不似西方荊棘多。」又曰：「道高一尺魔千丈，心猿全憑用力降。」存其心，養其性，所以事天地。夭壽不二，修身以俟之，所以立命也。

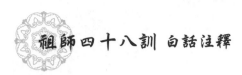

註釋

①靖恭爾位：靖、安也，靜也。言人能安靜而恭以守其位。

②花柳：李白詩：「昔在長安醉花柳，五侯七貴同杯酒」蓋泛指豪華遊賞之地，今稱狹邪曰花柳，如花柳場中，花街柳巷等。

③羑里之囚：殷紂囚周文王處，《史記．周本紀》：「崇侯虎譖西伯（文王）於殷紂，紂乃囚西伯於羑里」按國策、趙策作牖里，牖與羑通，今河南省．湯陰縣北有牖城，即其地。後西伯之臣散宜生等，獻紂以美女、玉帛，方得釋歸，西伯益行善政，諸侯多歸之，三分天下有其二，武王有天下，追尊為文王。

④陳蔡之厄：（錄自孔子演義．丁寅生著）孔子周遊列國時，本在衛國．靈公下視事，而當時一般反派人氏，南子、詹和、孫都等人，秘密集議，稱孔子在朝，我們不能久安於位，想妙計趕走他。傳出謠言說：「孔丘已和蒯瞶私通，期借晉兵殺來，孔丘開城接應」，一人傳十，一日功夫，傳遍全城，詹和入宮奏聞，靈公不信，召伯玉入宮，命他監視孔丘有無謀亂行動，伯玉領命退出，以言直告孔子，孔子嘆道：「眾口爍金，只好與公長別了」逃避中，子貢問道：「夫子望那道去」。孔子沈思一回答道：「楚昭王兩月前派使來聘我當往拜禮，」。子貢說道：「到楚國去，路很遠，只怕靈公再派輕騎四出追

趕，大路行不得，只好從小路往楚，行程雖遠，可保平安，」孔子稱善來到陳、蔡兩國交界的一個鎮上，投宿客店，店主漆雕龍曾為陳大夫，認得孔子師徒等面貌，也詢悉要往楚國去，心想，孔丘若用於楚，陳、蔡必先受害，本鎮將被楚兵車轍踏沈了，豈容坐視，便出門來訪曾為蔡大夫的伯順，見面就道，魯、孔丘應聘往楚，道經本鎮，投宿小店，他是聖賢，運籌譏刺，皆中諸侯的時病，具有七十二賢士相助，若用於楚，昭王早有王天下之野心，行將吞併中原各小國，陳、蔡首當其衝，如之奈何？伯順答道：「祇有阻他去路，不許他往楚，併絕他們糧食。」召集全鎮壯丁及保家兵卒，約有三百多人，武器、鐵鋤、斧頭借用，共絕糧七日。

子路作色說道：君子無所困，莫非夫子不仁吧？世人未能信，莫非夫子不智吧？世人弗放行，從前由聽夫子說：「為善的天必報之以福，為不善的天必報之禍，夫子積德行義，行了很久，因何常居窮困，從者都將餓死呢？」孔子回答說：「你以為仁者必見信於世，那末伯夷、叔齊不致餓死首陽山；你以為智者必用行於世，那末王子比干不致剖心於紂；你以為忠者必獲天報，那末關龍逢不見刑於桀；你以為諫者必邀君聽，那末伍奢不致見殺於吳，要知遇不遇是時機，賢不肖是才具，君子博學深謀，而不遇時的多得很，非丘一人，況且芝蘭生於深林，不以無人賞玩而不芳，君子修德立道，不為窮困而敗節，謀事在人，生死由命，所以晉·重耳困於曹、衛而生霸心；越王·勾踐困於會稽而圖霸業，居下位而不憂之思不遠，處身常逸之志不廣，安知其終始呢！」至絕糧六日，孔子向子貢說：賜速取行篋中的貨幣，設法突圍出去，糴糧買菜，以救飢荒，並叫子路、季羔執劍同行。子路向孔子說道：明日再不解圍，吾等十人拼死殺一條血路，衝出如何？孔子說道：今早丘已卜卦，明日必救有星，決不會在此過夜的了。到了次日午後，果然有救星從天而降，卻是楚昭王派來迎接孔子的一隊兵車，那是遽伯玉恐怕孔子被追騎追及，密地差人遠遠隨行，夜來同宿一店，及孔子被困，那人汲汲歸稟伯玉，伯玉便叫他乘馬趕到楚國，假托奉孔子命去討救。

⑤板蕩：《板》與《蕩》並《詩·大雅篇》名，皆言厲王之無道者也。後沿用為亂世之辭。《後漢書·楊賜傳》：「不念板蕩之作，虺蜴丘墟」。

⑥長春真人：即邱處機，道家北宗七真之一。元棲霞人，字通密，自號長春子，少為道士，潛修龍門山。後太祖召見於雪山。處機以不嗜殺人及敬天愛民，清心寡欲為言；太祖賜宮名曰「長春」，稱為神仙，卒贈長春演道主教真人。

語譯

學道修道的人，必須以仁義為根本，並以盡忠信實為優先，就如在朝當官時，即能安靜其本分而恭守其位，真心來為民服務。若當庶民百姓時，則要奉公守法，規規矩矩，不許做殺人害命、不開酒店、不設煙館、不立賭場、不以傳染花柳等之敗類來引人入惡，不但傷害到自身之德性，更污穢了佛門的清規。

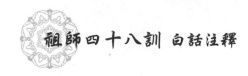

至於修持三教聖人所傳承之心法大道，雖說是正當的事情，正確的信仰，然而常會有修德行時，即會遭來他人的毀謗，而道行已至崇高時，也會受到毀害。或可能是上天借此來考驗修道人的真誠，而幫助其成就吧！如當時文王一生積善施仁，政化大行，也難免受到當朝皇帝紂王，深怕影響其江山地位，而囚禁文王於羑里。以及孔子周遊列國，講仁說義，教化百姓，亦有於陳、蔡受困，絕糧七日之厄運。

所以聖人啟示我們說：「欲作精金美玉的人品，須從烈火中煉來；想成掀天揭地的事業，當自薄冰上履過。」其意義是說，欲修成高尚完美的品德，必須受過艱辛萬苦中磨煉出來，想成就轟轟烈烈的大事業，當然要從危險謹慎中走過來；此說明若不受苦中苦，則難為人上人，也就是說，修道人若不受魔考，則不能成佛，於《孟子．告子篇》上說：「上天要把重任交給這個人時，一定先困苦他的心志，勞累他的筋骨，饑餓他的軀體，窮乏他的身家，擾亂他的行為，使他的所作所為都不順遂，為的是要激動他的心志，堅忍他的性情，增加他所久缺的能力。」以前的修道人，所以能成聖成賢，都是經過這一番的考驗與磨煉，現今的修道人當然也不能例外？

有一句諺語說：「疾風知勁草，板蕩識忠臣。」意思是說在一陣強大之暴風之後，就能看出那些草木經得起考驗而屹立不損；當國家動亂不安時，才能辨識那些是忠禎愛國之士。

這也正如歲末之寒風大雪過後，才知道松柏樹之異於其他花草，至最後才凋謝一樣。《七真傳》之邱長春真人說：「世間上的人，誰不會遭遇坎坷困苦的磨煉，但是還不如修道人為要往西方極樂淨土的魔考多呢！」又說：「道高只有一尺，而魔卻有千丈之高，所以修道人之心猿意馬，要全心全力的預防它奔走。」

也即於二六時中，緊緊堅守自己的念頭。所以孟子說：「保住自己靈明的本心，涵養自己天賦的本性，這就可以事奉天地之道。生命的長短，絲毫不必去加以疑慮，惟有修持本心以隨上天之安排，這便是立命之道。」

讚曰：㈠修持真道仁義先　為士當官爾位廉
不故宰殺賭盜限　清規嚴律慎跟前
㈡欲為精玉人品栽　烈火焰中煅煉來
揭地掀天聖業載　薄冰履過小心踩
㈢為人難避遭魔考　不似西方荊棘糟
道高一尺魔千丈　心猿全憑用心掐

第二十二條 訓文

自十二袁祖、五老①之後，各門雖高下不等，優劣各異，其無有真傳則一也。其所傳者，不過取坎填離。開荒下手之法，其法真心用者：守上則虛火上炎，不是耳聾齒痛，就是眼目生災；守下則寒濕下注，不是涸冷沈寒，就是遺精疝氣②。大抵③升提太過，上實下虛，成戴陽之症④，故後來取坎填離之功，亦不敢用，不過只落得迷齋⑤而已。然而開荒四十年來，領袖奔走天涯，捨恩割愛，傾家敗產，遭魔受難。纔得鋪張中外，亦實可憐！現今無皇親臨東震，傳此無上甚深微妙之法，實明心見性之嫡派，超生了死之捷徑也；會三教而同歸一貫，含萬法而盡入中庸。

理天、氣天，獨開千古之生面，人心、道心，確得萬聖之真宗。進步於百尺杆頭，上透三十三天⑥；撒手於涸底崖畔，下照一十八獄⑦。豎窮三界，橫亙十方；真性充塞，周乎在在。千江有水千江月，月或有時而虧；萬里無雲萬里天，天或有時而蔽。真如佛性，雖視之弗見，聽之不聞；而實四維上下，有感斯通。「任他滄海千萬變，無極真如鎮常存。」此乃末後大道真經，方可收圓了意，末後一著⑧，即一指躲閻羅之法眼⑨。

自達摩祖⑩以來，即是此道。至惠能六祖⑪得道有偈曰：「菩提本無樹，明鏡亦非台，本來無一物，何處惹塵埃。」又曰：「釋迦從此絕宗風，儒明得吾萬法通；末後三期開普渡，正心誠意合中庸。」俱是佛門正傳。至後來因開荒下種，故傳取坎填離。上乘法門，以待末後方傳，通天徹地，無、太、皇，三極一貫之道⑫，方可三教歸一，萬法歸一，而成收圓結果之大事也。

註釋

①五老：即十二祖時受命掌五行者。

火精祖—陳玉賢，道號依精，又稱火精，四川成都府新都縣人，嘉慶初年（西元一七九六年）二月廿七日降生，係先天五老，南方赤精古佛（南華帝君）化身，親承袁祖心傳，掌五行火部之盤，辦理普渡，擔九九浩劫，不辭勞苦，忍辱負重，道光十七年（西元一八三七年）葛依玄亂道，出掌道盤，道光廿三年（西元一八四三年）癸卯，在湖北遭風考，道光廿五年（西元一八四五年）九月初八日歸西。

木成祖—宋依成，湖南長沙府譚州城人，嘉慶初年（西元一七九六年）出生，係先天五老，東方木公古佛（東華帝君）化身，親承袁祖心傳，掌五行木部之盤，袁祖歸，輔助陳玉賢幫辦普渡，拋利棄名，不懼生死，道光廿五年（西元一八四五年）三月十五日遭風考，收入禁中，至十一月初二日了道歸西。

土道祖——宋土道，又號依道，湖南長沙府寧鄉縣人，嘉慶初年（西元一七九六年）降生，係先天五老，黃老古佛（中華帝君），親承袁祖心傳，受命五行土部之盤，袁祖歸輔助陳玉賢辦道，拋家損資，不辭辛苦，制訂章程，努力不懈，道光廿五年（西元一八四五年）三月十五日遭風考，十一月初二日歸西。

水法祖——彭德源，字超凡，道號依法，又號浩然、滄州子、儒童老人、素一老人、水一老人、廣野老人、滄海覺真子，湖北沔陽州人，嘉慶元年（西元一七九六年）十二月八日降生，係先天五老，水精古佛（北華帝君）化身，袁祖時任十地之職，道光廿三年（西元一八四三年）風考迭起，道場瀕臨瓦解，奉袁祖乩諭，由十地晉陞水行，臨危受命，繼陳玉賢重建先天道場，嚴立佛規，普傳天下，大展宗風。咸豐八年（西元一八五八年）十二月初一歸西。闡道經義，解《玉皇心印妙經》、《般若密多心經》、《呂祖指玄篇》、《率性闡微》、《悟性窮源》、《八字覺源》、《破迷宗旨》、《觀音濟渡經》共為八部丹經，作為闡道之章本。

《正宗篇》云：木火通明返本、黃老神回瑤京、復有金水土續、水為天道一根、掌理九六慈航、原遵三天玉旨、金母丹書久示、三五依缽歸真。

金秘祖——林芳華，道號依秘，又號全元、玉山、崑圃，一謂其本性蘭，避風考始改林姓，係四川敘州府隆昌縣人，祖藉江西贛州府龍南縣，嘉慶九年（西元一八〇四年）六月廿五日降生，係先天五老，金老古佛（西華帝君）化身，聞袁祖之道，敬領十三祖徐、楊之真傳，恭膺天命，盤掌五行金部，咸豐八年（西元一八五八年）水祖歸西，續掌道盤，任內選賢任能，仗義疏財，開荒外國，以普渡收圓為務，多方教化，邪正分明，歷苦四十九年毫無急志。於同治九年（西元一八七〇年）庚午年，更太和堂為西華堂，中華外域，共沐深思，佛子佛孫均沾厚德，壽享六十九歲，預知收圓果滿，故前約定，辛未年（西元一八七一年）要交道綱，應鍾初撤斗壇，袁祖顯像，囑金公把天命交托素玉、素陽。至壬申年卯月望日轉盤換眾，至此盤滿十五代祖二十尊者，故《金公書帖》云：「四五天尊同擺渡是也」。同治十二年（西元一八七三年）四月十日歸西於漢口（漢陽、湖北佛堂）歸葬隆昌。

②疝氣：通常指陰囊脹大的病，俗叫小腸疝氣（墜腸）。

③大抵：大概。

④戴陽之症：高血壓，頭部之病。

⑤迷齋：只知持齋，而不明性理真傳。

⑥三十三天：梵語，「忉利天」，譯作三十三天，欲界之第二天也。《佛地經論》：「三十三天，謂此山頂（須彌山頂）四面各有八大天王，帝釋居中，故有此數」。《智度論》：「須彌山高八萬四千由旬，上有三十三天城」。另道家《靈寶經》以大羅天為最高的天，其下有三十二天，合稱三十三天。

⑦一十八獄：按《十八泥犁經》說：地獄有十八，備舉其名，世因有十八層地獄之說，郎瑛所云，乃自以意為說也。

⑧末後一著：指諸佛所傳向上一路，之無上心法。

⑨法眼：即正法眼藏也。

⑩達摩祖：禪宗東方之初祖，具名菩提達摩，譯曰覺法或道法，天竺香至王第三子也，梁大通元年（或云普通元年）泛海至廣州，武帝遣使迎至建業，語不

契；遂渡江之魏，止嵩山少林寺，終日面壁，凡九年，後付法及袈裟於慧可，無何即入寂，時梁，大同元年(或云大通二年)也，葬於熊耳山定林寺，梁武帝聞之，親撰碑刻石於鍾山；唐代宗時謚曰圓覺大師。

⑪惠能六祖：禪宗東土第六祖。姓盧氏，少孤貧，採薪販賣養母，一日聞人讀《金剛經》，忽有悟，謁蘄州、黃梅山五祖弘忍禪師，祖知其為異人，使入碓房舂米；後祖使眾徒各以心得書偈語，時上座神秀書偈曰：「身是菩提樹，心如明鏡台，時時勤拂拭，勿使惹塵埃。」惠能偈曰：「菩提本無樹，明鏡亦非台，本來無一物，何處惹塵埃。」五祖乃授衣缽，後至南海，居曹溪，開元元年寂，元和十年敕謚大鑑禪師。

⑫三極一貫之道：所謂三極大道者，無極為不易之易，主乎理天，乃真空極樂之界，此三教大聖之所歸也，是謂聖域。太極為變易之易，主乎氣天，乃法輪常轉之界，此三教大賢之所歸也，是謂賢關。皇極者交易之易也，主乎山河大地，飛潛動植之界，乃主持名教，代天理物者之所歸也，是謂至善之也。三極合一，然後可以收圓，可以結果；登斯民於仁壽，化斯世為大同也。知元神通無極理天，萬緣放下，凝神不散，則還聖域。知元氣太極氣天，則掃心飛相，調息綿綿，可入賢關。若既迷元神，又迷元氣，縱情逐慾，則輪迴萬變，為鬼為禽。盡性至命，天人一貫，會通三教，了明萬法。

道統從十二袁祖，到五老的火精祖陳玉賢、水法祖彭德源、金秘祖林芳華之後，其他各門派之修行，體悟的人雖有高下不等，其優劣也各異，但沒有得到天命真傳，則是一樣的，而他們所傳的，不過是道家的取坎填離的煉丹功夫，是一些開荒下手的一種方便法門，而這些法門若是不解真義，而用心的投入者，即可能險象環生而走火入魔，也就是只守上之靜坐，則虛火上炎，會導致耳朵聾，牙齒痛，或是眼目生災；如果只守下之靜坐時，則寒濕下注，會導致乾冷沈寒，或是遺精疝氣等之病症。大致上都是火性升提過度，在上實下虛之情況下，即生成高血壓等頭部之病症，故後來修煉取坎填離的工夫，也就不敢再使用，結果落得只知持齋而不明性理心法之真傳，及心性上之修煉。

然而從十二袁祖開荒辦道四十年來，領袖親至各方奔走天涯，捨恩割愛、拋家離子，傾家蕩產，開荒佈道，還得遭受內外之魔考及苦難，始將道在中外各地區鋪張傳化，真是艱辛萬分，實在是可憐啊！

現今上天　老中親臨東震堂，降機傳此無上之秘寶，而此甚深微妙之法門，實在是能讓人明心見性之真傳正派，更是能使人超生了死之捷徑也；因它是會通儒之存心養性—貫一，及佛之明心見性—歸一，與道之修心煉性—守一，等三教心法同歸一貫，並能包含千萬法門而盡入於中庸之道。

無論是理天、氣天，它是獨一無二能揪千古以來難聞之生面，在於人心與道心之中，確實能分辨認清，即得萬聖之真宗，就可進步於百尺竿頭，於上能透徹三十三天之奧秘，若放開手再往下深究時，十八層地獄也能瞭若指掌。真方向可窮盡欲界、色界、無色界等三界之遙；而橫方向可佈滿十方之廣，於這當中均能感受到真道之充塞其間，而真性之相應。故才說：千江有水千江月，然而月有盈虧之象；萬里無雲萬里天，而天也有晴蔽之時。每個人之真如佛性，雖然用眼睛看不出東西來，用耳朵也聽不出聲音；而事實上它是佈滿於東西南北及上下之六合之中，並且有感遂通，所以有一句話說：「任他滄海千萬變，無極真如鎮常存」，其意思是說任何宇宙間的萬靈生物，都歷經了六道輪迴之生死變化，但是它們的真如佛性，卻依然鎮如泰山而永遠常存。這些都是末後大道所傳承之真經，方可提供有緣人達到歸根收圓了卻六道輪迴之途徑；至此末後方來傳道的這一著，即是一指能躲避閻羅王之正法眼藏之秘寶。

自從達摩祖師老水返潮到中土以來，即是傳此無上秘寶之大道，直到惠能六祖悟道時之偈語說：「菩提本無樹，明鏡亦非台，本來無一物，何處惹塵埃。」之感嘆，故後來更明白的指出說：「釋迦從此絕宗風，儒明得吾萬法通，末後三期開普渡，正心誠意合中庸。」這些都是佛門之正派真傳，只是到後來因為天運趨勢所至，袁祖在開荒下種時，才傳此取坎填離之工夫。而那些精秘的上乘法門，則須到末後方傳此通天徹地之無極、太極、皇極等三極一貫之大道也。如此才可將三教歸一，即歸於理也。萬法歸一即儒之窮理盡性，道之三品一理，及佛之一合理相，等同歸於一也。最後終可成就收圓結果之一大事因緣也。

讚曰：㈠袁祖五後道千門　優劣難分辨偽真　取坎填離時下盛　真心法用病蒼生
㈡開荒歷境四十年　領袖捨恩家當遷　纔就中外初效見　遭魔受難劫相連
㈢無皇親降東震來　傳此甚深微法栽　三教同歸融萬派　包含萬法中庸抬
㈣豎窮三界真理掀　橫亙十方遍佈連　千江有水千江月　萬里無雲萬里天
㈤菩提無樹菩提空　明鏡非台非相從　本來無物何物重　塵埃何處惹塵蒙

第二十三條 訓文

太極、皇極之事，已有數家憑據，實不敢交給，恐生貪妄，致起爭端。故先交於五行、十地之位，待後事業做出，再候上天定度，吾不敢妄加批評。

語譯

十五代王祖說：有關太極皇極道場編制之事，已經有一些前祖之分派支脈已設立了，並自稱有憑據，所以不敢再任命交給，就是恐怕產生在權位者的貪妄與圖利，以致形成爭權奪利而起爭端。所以才先執行分派五行，即金行、木行、水行、火行、土行計五人，在總堂輔佐祖師，協辦道務。及十地分佈十方督辦道務等之人選，而把職責、任務交於他們去推行，等待往後道場穩定，道務已傳開來時，再聽候上天　老中之定斷指示，吾不敢去妄加批評，他人的真假與作為是否正確。

讚曰：三極之事數家依　不敢親交爭論起
　　　十地五行先放記　上天定度真象提

第二十四條　訓文

現今憑據在吾掌握，當時之家，必須讓吾先當，才有統緒①者，不如此，難言一道同風。

待後事定，功成自有天人公論，吾即退老林泉②，他人當家主事，亦所情願。

但當時吾若縮首退步，讓於他人執掌，不惟天下人不肯來歸，即吾所度星盤③中人，必不依從此理，勢之必然也。吾豈好為人師哉！

註釋

①統緒：緒者絲端也，事業也，如千頭萬緒。統緒者統籌道務，使之井然有序，有條不紊。

②林泉：舉山野之勝，恆林泉並稱。其意指告老返鄉，即不管政事。

③星盤：光緒七年(西元一八八一年)王祖於七月北上燕京，在三清宮一帶渡化二十八星宿氣天諸仙及九曜星辰諸仙。

語譯

十五代王祖說：現今的道統天命，經上天　老中的敕令稟受，在吾執掌，於當時之傳道環境，就必須讓吾先來執行傳道之任務，如此才有系統、有秩序；若不這樣做的話，就很難說在同一道場裡，都應是相同的作風與規律的。

等待一切都安定下來，道場也一步步的發展，至宏展到成功的階段，自有天人來公論，屆時吾即退休而告老返鄉，上天　老中再指示他人當家掌道主其道務時，也是理所當然而情願的交由他人來主事。

但是在當時吾若縮首退其後而不負起重任，而讓於他人來執行掌道的話，不但天底下人不肯來歸，就是吾所渡的九曜及二十八星宿氣天諸仙等，也必不依從這種做法，故時勢之驅使這樣的安排，豈非是吾好為人師的呢！

讚曰：現今憑據祖師掌　諸事指揮亦當綱
統緒才有分序善　始言一道同風昌

第二十五條　訓文

現今吾道四京①通行，吾註之書，北、東、南三京刊板，吾即不爭大小。

吾門弟子，會通三教，貫徹天人者，指不勝屈，吾等豈肯輕拜他人為師。

吾之不辭當家者，順助天道也。高虛之險，吾豈不知，吾不得已也。

註釋

①四京：即東京、西京、南京、北京等。

東京——後漢、光武帝，建都洛陽，世稱洛陽為東京，亦曰東都。五代．晉升汴州為東京。漢、周因之，即今河南．開封市。

西京——西漢、高帝，建都長安，稱西京。

唐時稱西京有：開元間以河南府為西京。至德間以鳳翔府為西京。天寶初以長安為西京。

南京——明太祖以應天府為南京。

唐、天寶間以成都府為南京。宋、景德間以宋州為南京。

北京──唐以太原府為北京。明太祖以大梁為北京。成祖以北平為北京。宋真宗以大名為北京。

語譯

十五代王祖說：現今吾所傳承的大道，已在東京、西京、南京、北京等四京傳開，道務宏展。而吾所編註之經書，也在北京、東京、南京等三京印刷發行，雖有如此之成就，吾也不爭其功果之大小。

已歸順吾門之弟子，已能會通三教，即融合道家之抱元守一而修心煉性；佛家的萬法歸一而明心見性；及儒家的執中貫一而存心養性於一爐，而來貫徹天人，能達到這種境界的人，已不勝枚舉，已有如此之修為，故吾等豈肯再輕易去拜他人為師。

吾之所以不辭辛勞來當家掌道，也就是順助天道也。能將天道宏傳至各地方，雖說登高掌道困難重重，並危險萬分，吾豈非不知，只是不得不這樣做而已也。

讚曰：現今吾道廣通行　弟子會通三教精
貫徹天人殊勝盡　順天掌道險虛臨

第二十六條 訓文

手印合同①，乃龍華三會②之憑據，漢上雲城③之路引，必歸吾道者，方可與交。

道不同不相為謀，吾來度他，他欲自外，吾奈何哉！

註釋

①手印合同：回理天的憑證。

②龍華三會：青陽期為櫻桃大會。紅陽期為蟠桃大會。白陽期為龍華大會。

③雲城：係指三期劫至，躲災之所，有時亦借用作天堂及總佛堂之代名詞。此處所言，應係指天堂而言。

語譯

傳道之秘寶手印與合同，乃是進入龍華三會之憑證，也是到銀河上之雲城去避難之路引，而這些秘寶必須是歸順吾道於得道之時，方可傳授與他。要是道不同則不相為謀，就算我們誠心要度他，而他卻執迷外道，如此我們也無可奈何呢！

讚曰：合同手印赴龍華　漢上雲城引路跨
誠意來歸憑據化　無緣自外若何捉

第二十七條 訓文

吾之傳道，一不換人三師①，二不改人六師②。吾不過講明大道，收圓了意，助人成功。

軒轅黃帝③曾拜七十二師，聖人云：「學無常師。」而各門中人多聞太師王伯黨為此者謬矣！

當初道統，原是 無生老中建立，至道光廿五年，改為 瑤池金母，今日無生老中，因金祖歸空，開荒事罷；故親臨「東震」，轉盤換象，安排收圓大事，好救九二原人。

凡辦道，吃的、穿的，所傳之道，所當之住，皆是 無生老中的，天地所賜的，如今老中親自臨凡，救度原人，收圓證果。

而學道之士，竟忘了無生寶地，安名立號，依功定度，依因結果，高增菩提，永緒長生。嬰兒見娘，漂舟到岸；孤客還鄉，一概忘卻。將 老中所命之人，以敵人待之，以親為仇，何不通之甚也！「上天難壞無生中，人間費盡古佛心。」古有其言，今竟有其事，可哀也哉！

註釋

①三師：引師、保師、開示師(天恩)。

②六師：五行、十地、頂航、保恩、引恩、證恩。

③軒轅黃帝：上古帝號，少典氏子，姓公孫，生於軒轅之丘，故曰軒轅氏，長於姬水，又姓姬，建國於有熊，故曰有熊氏，以土德王，土色黃，故曰：「黃帝，初神農氏八傳至榆罔，暴虐無道，帝敗之於阪泉，蚩尤作亂，帝誅之於涿鹿，諸侯尊之，乃即帝位，既登位，命大撓作甲子，倉頡作六書，伶倫定律呂，隸道定算數，並咨岐伯作內經，創醫藥之方，其妃嫘祖，又育蠶治絲，縫製衣裳之制，凡開物成務之道，宮室器用之制，至是大備，在位百年崩。」

語譯

十五代王祖說：吾之傳道原則，一來不會叫歸順者換引師、保師、開示師等之三師；二來不改變歸順者的五行、十地、頂航、保恩、引恩、證恩等直屬六師。吾不過是講明白，先天大道的殊勝，末後收圓的真意，而幫助歸順的人，能成功的達到超生了死，歸根復命之目標。

軒轅黃帝也曾經拜過七十二位師父，先聖說：「學習當中，並無固定的老師。」而在各道門中的人也都聽過王伯黨太師認為這句話是荒謬之言呢！

當初的道統，原本是　無生老中所建立的，至道光廿五年（西元一八四五年），改為瑤池金中來主導，現今　無生老中又因金秘祖歸空後，而開荒的事情即停頓了；所以又親自來到東震堂，轉道盤換時運，安排末後收圓之大事，好拯救凡間原人回家鄉。

凡是辦道時，所有吃的、穿的，甚至所傳的真道，所居住的地方，全都是　無生老中所有，及天地所恩賜的，如今　老中親自降臨凡間，來救度皇胎原子，來辦理收圓證果之大事。

而一些學道的人，竟然忘了無生寶地之可貴，找尋真法正道來修持道基，依自己建立的功德來確定果位，依種下好因來結出好果，好增高道心，增長本性光輝，直到永續長存，這些就如嬰兒見到親娘，漂蕩的船靠到邊岸，及孤單的客人能回到家鄉，但是一切都忘了，並將　老中所敕令掌道的人，也以敵人看待；以親人當作仇人，實在很不通人情到了極點呢！「上天難壞　無生中，人間費盡古佛心。」其意思是說：上天很難為的　無生老中，人間則費盡了古佛的心情。古代有這種話說，現今卻竟然也有這種事發生，真是可嘆可哀也！

讚曰：㈠祖師傳道解迷津　不換人師與道領
助眾成功圓了意　東奔西走渡人勤
㈡當初道統老中成　後轉瑤中延續申
金祖歸空中複鎮　親臨東震救原人
㈢當今修士忘寶堂　立號安石依果當
增進菩提從道贊　長生永續理天嘗

第二十八條 訓文

所謂手印憑據者，為同門師友相認之識別也。現今千門萬戶，賢愚不等，淑慝①各異，雖同名曰「道」，而「道」實有天淵之別。

如無憑據合同，何能辨別真偽？不但懼不肖者，詐騙財產；尤恐混入匪類，受其連累。孔門弟子，千秋萬古，皆成一家。現今吾道，遠近皆有，有此憑據，不但當時可以同道相親，彼此關照，即至日久年遠，師生道友之後人，亦執此相認。此吾之所以不避嫌疑，立此之相認憑據也。

凡有此憑據者，即係同道，無此憑據，又當別論。

註釋

①淑慝：淑即善也，《詩．大雅．桑柔》：「其何能淑」按恆用為稱美女子之詞；如賢淑、貞淑。《詩．曹風．鳲鳩》：「淑人君子，其德不回」。慝，惡也，《書．畢命》：「旌別淑慝」。

語譯

傳道所得之手印等之證物，乃為同門道親師友相認之憑據；現今道場可說是百教齊放，千門萬戶之混亂，正的邪的參差不等，善的惡的各有差異；雖然大家都說是在傳道，而「道」的內涵實在有天淵之別。

如果沒有合同等之證物為憑據，又怎麼能去辨別是真的，或是假的呢？就怕有些不法之徒，不擇手段來詐騙錢財；尤其更怕有假借道之名，魚目混珠的為非作歹等不法行為，使道的形象蒙受連累之害。

只要是孔門儒家之弟子，無論是古往今來，都皆成同一家族一樣。現今吾所傳承的天道，已非常之普遍，遠近都是信徒；只要有手印、合同等之憑據，不但在當時可以相認是同道，而如同一家人之親近，並能彼此互相照顧，甚至到日久長遠之後，師生道友之後學們，亦都同樣依此憑據大家來相認，這也就是我們不避嫌疑，建立此相認憑據的原因。

凡是有手印合同等證物之憑據者，即是相同道門，若無憑據，則是當做他教來看待。

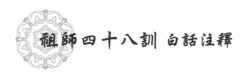

讚曰：㈠同門憑據識別充　辨識真偽防詐蒙　不肖騙財欺道眾　更是匪類入跟從

㈡現今吾道遍皆有　憑據相親同道周　日久年遠關照就　師生道右古千秋

第二十九條 訓文

凡學道者，當明師徒之大義，天、地、君、親、師，五恩①並重。故君在臣無權，父在子無權，師在徒無權；今之為徒者，今日得道，明日即想權歸於己。

夫與君爭權，謂之奸臣；與父爭權，謂之逆子；與師爭權，謂之叛徒。夫學道之人，捨恩割愛者，為成聖、賢、佛、仙也。焉有不忠所事，而能成仙、成佛、成聖、成賢者，眾各勉之！

註釋

①五恩：天—宇宙間所包括的地方。
地—培育萬物出生，而無有計較之大地。
君—一國之君王、元首或總統，或一個公司之主持者。
親—生我肉身之父母。
師—包括傳道給我們的明師，與傳授技藝學識給我們的老師。

凡是學道的人，應當要明瞭師父與弟子間之倫常大義，以及天、地、君、親、師等五恩並重的道理。所以說君王在的時候，為大臣的就無權掌理國事；父親在的時候，子女就無權管理家事；師父在的時候，徒弟無權處理指揮道務。現今身為徒弟的人，有今日才求得寶貴的大道，明天就想把道務的權力歸於自己所有，這是不對的。

如果說為大臣的與君王爭權的話，就叫做奸臣；為兒子的與父親爭權的話，就叫做逆子；為弟子的與師父爭權的話，就叫做叛徒。

所以說一個學道、修道的人，若能捨去家庭的恩情，及割除兒女私愛的話，才能成為聖賢仙佛。自古以來，從來就沒有不熱衷於修道行道之事，而還能成仙、成佛、成聖、成賢者，望同修大眾互相勉勵之。

讚曰：㈠凡人學道明師徒　了悟五恩並重輸　徒眾尊師大義住　與師爭位叛徒除

㈡割恩捨愛道中人　成聖成賢仙佛生　焉有不忠諸所事　盡忠職守至成仁

第三十條 訓文

吾「道」乃三聖之嫡派，萬法之真宗。親奉　無皇聖中之敕旨①，玉皇大帝之牒文②。三曹會議，千真萬聖，搭手助道；一敕③即登覺路，一指便通天界。

大無不包，細無不貫，知有無之同源，明事理之一致。守一、歸一、貫一，瞭若指掌。明心、存心、修心，顯若列眉④。註書立說，毫無纖塵⑤，句句道破真空性。講道論德，確有的歸，言言透徹賦性天。闡理學、數學、象學之真宗，千古獨開生面。剖不易、變易、交易之蘊奧⑥，萬代可做法程⑦。窮則獨善無愧，尚志⑧達則兼善。乘時立功，存悲天憫人之心，挾⑨補天濟人之道。

而淺學無知之輩，縱以橫逆相加；吾以無心處之，道之將行也與，命也！道之將廢也與，命也！人不知而不慍⑩，君子無入而不自得焉⑪！

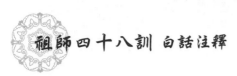

註釋

①敕旨：敕—為皇帝諭告臣下之文書及頒賜爵位之詔令皆曰敕。旨—為敕諭也，《漢書．孔光傳》：「奉使稱旨」，如聖旨。全句此處指，上天之天命而言。

②牒文：即公文。牒、札也。《廣雅．釋器》：「牒、版也」按小簡曰牒，大簡曰冊；薄者曰牒，厚者曰牘。引申為記錄之通稱。舊制公文之一種，秦、漢時已有之，宋時有敕牒、公牒，清時有牒呈。

③赦：敦置也，放免。《易》解：「君子以赦過宥罪」。

④列眉：言朗列如眉，皎然明白也。《國策．燕策》：「吾必不聽眾口與讒言，吾信汝也，猶列眉也。」

⑤纖塵：纖，細小；塵，塵埃。即一點點的塵埃沾染。

⑥蘊奧：深奧之義，蘊藏之奧妙。

⑦法程：猶云法則，謂可取以為行事之準則也。《漢書．賈誼傳》：「立經陳紀，經重同得，後可以為萬世法程」。

⑧尚志：即得意的時候。

⑨挾：挾帶也。

⑩人不知而慍：不為人所瞭解，也不怨怒於懷。

⑪君子無入而不自得焉：為《中庸》第十四章：「君子無論居於什麼位，都不會不悠然自得的。」

語譯

十五代王祖師說：我所傳的道，乃是自古以來儒、釋、道三教聖人一脈相承之嫡傳正派，也是千萬法門之正宗真理。而是親奉 無極聖中之天命旨令，以及玉皇大帝之牒文指派，且獲得三曹會議後之千萬真人與聖人來幫搭助道；所以只要眾生能誠心來歸道時，經祖師一赦免即可登上覺悟之路，而明師之一指，便可直通理天之域界。

而道之範圍，說大則無所不包，說小則無所不貫，故若能深入探討時，可瞭解「有」與「無」均出自相同之源頭，可明白事物與道理關係一致性。於三教心法之精髓中，無論是道家之抱元守一，佛家之萬法歸一，儒家之執中貫一，均可瞭若指掌；以及佛家之明心見性，儒家之存心養性，道家之修心煉性，也同樣可朗列如眉，皎然明白；而在註解經書，演說真理上，則毫無一點點的塵埃沾染，可謂是句句道破真空之本性；講道理論德行時，也確實已達到歸鄉之路，故字字均能透徹天賦之真性。闡述性理之學，易數之學，星象之學等之真義本宗，可謂千古以來，唯獨能解開人生不可知之一面；剖析不易之易理，變易之易理，交易之易理等蘊藏之奧妙，可做為萬世行事之準則；當在窮困不得志時，能獨善其身也問心無愧；而在得意成就時，也不忘兼善天下宏揚大道。乘著天時良機來建功立德，時時存養著悲天憫人之心；因天不言，地不語，凡有道之士，應挾帶有贊天地之化育，補天地之不足，以愛心濟助人之理念。

然而有一些淺學無知之輩，縱然以百般阻撓，橫逆相加；王祖師只能以無心處之泰然，所以說大道之所以將遍行於天下，是天命也！大道之所以將廢頹難行於天下，也是天命也！就算不被人所瞭解也不怨恨於懷；一個身為修道之君子，無論居於什麼地位上，都不會不悠然自得的。

讚曰：㈠無皇聖申敕旨交　大帝牒文告眾曉　萬神搭手來助道　一指通界獄名消

㈡註書度世意萬千　句句道明空性連　講道論德傳化獻　言言透徹賦性天

㈢闡明理數象學伸　千古獨開生面層　三易蘊藏真道証　尚達萬代修心人

乩筆之事，吾不敢不信，不敢全信。如有不信　無生老中，命我之事，即閒言冷語，後來無不應驗。

再如李老夫子①所傳之易卦、太乙及《參易變方》，愈久愈信，其真若此者，豈可不信？

至於　老中在山東親命三極，而太極早歸，又換一太極，皇極雖有其人，亦未知是否？至今諸般大事，仍是我等承當。現今又出幾家太極、皇極。

今吾左右為難，欲說皇極所用改天換地，未來卦爻是真，又不在情理。正與有不知過去、現在，而能知未來者，吾豈敢順一時之人情，誤大地之善信，惹後世之笑談，造彌天之大罪！

吾欲待不信，又有乩筆之命，吾既不敢誤人，又豈敢誤神？吾有一法可辨真假，可定從違，李老夫子所傳經濟之學，吾未明之處，懇求指示，如果乩筆之能明顯講出，即敢真信。

再者，掌太極者，能傳「太極之道」；掌皇極者，能傳「皇極之道」，吾即認真合辦。

如此方可內不失己，外不失人，上不失神，下不誤世。

註釋

①李老夫子：於光緒三年（西元一八七七年）丁丑，無極老𡈼在東震堂設立乩盤，施丹方活人濟世，到後來才講大道普渡有緣，再要王祖立誓授於祖位，委之於普渡重任，並命之至天罡門與淳風門，先學習河洛卦象，再開荒傳道。天罡門為唐朝袁天罡（綱）所傳承之門徒。淳風門為唐朝李淳風所傳承之門徒。故猜測李老夫子即指李淳風。

李淳風，唐、岐州．雍人，幼通群書，明步天曆算，製渾天儀，唐太宗時累遷太史令；凡占候吉凶，若符契然以勞封昌樂縣男，著有《己巳占》等書。

渾天儀：一作渾儀，我國古時研究天文惟一之測器，《後漢書．張衡傳》：「再遷為太史令，遂乃研覈陰陽，妙盡璇璣之正，作渾天儀」，又《明帝紀》註：「渾儀以銅為之，置於靈台，王者正天文之器也。」按此器，漢以前已有其制，《劉曆》曰：「高陽造渾儀」。《春秋緯．文耀鉤》：「唐堯即位，羲、和立渾儀」自漢而後，歷代天官皆首此是務，現今天文陳列館所存者，乃明正統年間所製，其構造精詳，一切星體入宿去極度分，皆得窺測。已有之，宋時有敕牒，清時有牒呈。

語譯

上天假藉乩童扶鸞所指示的事情，十五代祖師說：吾不敢完全不相信，也不敢完全相信。如果說不相信的話，那麼　無生老中親命於我的所有事情，就算是一些閑言小事，或是冷語責備之事，到後來無不都一一的應驗，絲毫不差。

再如李老夫子所傳給我的易卦、太乙神數及《參易變方》等各數理課程，其內容博大精深，料事如神，愈是研究長久，愈是準確可信，其真實就像此事一樣，如此又如何能不信呢？

至於　無生老中在山東親自任命三極之職位人員，而三極之中，太極早已歸天覆命，故其後又另換新太極人選，而三極之中的皇極，雖然有任命這個人選，不過又不能證實是否確定此人？所以至今在道場裡的許多大的事情，仍然是由我們幾位來承當分派所有道務之工作，而不敢輕易托付他人；但是現今又出現各地之乩筆，也任命了幾組太極、皇極之人員。

而現今更令吾左右為難的是，那些自稱是承擔皇極道職的人，都說上天將來會改天換地，甚至未來卦爻都會顯示其真實，像這些事又都不合情理的。也正如有尚不知過去，現在所發生的一切事情，都還弄不清楚的人，而卻能預知未來吉凶變化之事，其真偽可想而知。因此，我豈敢未經證實，便順應一時之大眾人情，而把重責交給於他，結果因而耽誤了救渡大地諸善信的慧命大事，甚至留給後世子孫之談笑話題，也造成了彌天之大罪呢！

如這些事實，要是吾想說不信時，卻又皆稱有乩筆之聖命；吾既然不敢耽誤眾人的慧命大事，又豈敢耽誤上天諸神之命令呢？

吾有種方法可以依據來辨別其真假，並可以決定是否依從或違背其乩筆之命；也就是李老夫子所傳授的經濟之學，吾仍有些未能明瞭之處，藉此機會懇求上天指示其詳情，如果在鸞堂之乩筆上，能夠清楚而明顯的說出，即敢真正相信而聽命之。

另外，任命掌理太極道職之人員，應能傳辦出太極一般宏揚之道務來；任命掌理皇極道職之人員，也應能傳辦出皇極一般盛大之道務來；若能如此，吾即可與其認真之合作共辦道務。

如此這般的求證後，方能做到「對內不喪失自己應負的責任，對外不喪失天下所能渡化之眾生，對上天諸神不會有怠慢或誤聽，對下之後世百姓也不會有誤入迷途，沉淪六道輪迴之苦。」

讚曰：㈠乩筆神秘佈真假　是是非非認我家　親命三極老中下　至今諸事祖承挾
㈡今吾豈敢順人情　大地誤存善信矜　後世笑談惹後進　彌天大罪難洗清

第三十二條 訓文

凡吾門學人，不准讀非聖之書，不准學無用之學。明體者，當以《金剛經》、《清靜經》、《大學》、《中庸》，讀熟講通，自能於性命心源有益。

達用者，當熟讀《易經》、《河》①、《洛》②；明卦爻之吉凶③，知陰陽之消長，識五行之生剋④，達奇正之變化⑤，曉休咎⑥之趨避，然後方有經濟。

至於禮樂、政刑，諸子百家⑦：十三經、二十一史⑧、天文、地理之浩繁，各隨其材學，不求其多，當求其精，不怕千著會，只怕一著熟。

註釋

①河：即河圖也。伏羲王天下時，龍馬出河，遂以背上之文，畫成八卦，故謂龍馬負圖，乃天降文明，其文象八卦之形，列三才之位，立陰陽之道，包羅萬象。蓋道本無言，言以顯道，天下弘道，故由龍馬負圖出河，洩露天機，以為修道立德之根本而定乾坤，與王道，平天下也。

河圖歌：天一生水　地六成之　地二生火　天七成之。
天三生木　地八成之　地四生金　天九成之。
天五生土　地十成之。

河圖之「奇數」為陽代表天，數五個即一、三、五、七、九等，其數字之和計二十五為天數。

「偶數」為陰代表地，數五個即二、四、六、八、十等，其數字之和計三十，為地數。

所以說天地之數共計為五十五數也。

②洛：即洛書也。夏禹治水時，有靈龜背負之篆，出於洛川，往古聖人，因而觀象悟理，效法該項圖篆以畫作易。

洛書歌訣：戴九履一　左三右七　二四為肩　六八為足　五在中央

③明卦爻之吉凶：《易經》上有四種斷辭，一曰吉、二曰凶、三曰悔、四曰吝，這四重斷辭，只有吉是屬於好的方面，至於凶、悔、吝三種，凶固然是壞，就是悔和吝也屬於壞的方面，不過在程度上較凶略次一等而已，我們平時接觸一般人士，談起彼此身世，總是不滿意自己的現狀，縱然是有些成就的人，隱藏在背後的辛酸經過還是很多很多，所以說：「天下事不如人意者，十常八九」，這是什麼緣故呢？《易經》上吉凶悔吝，就是針對這個疑問所作的

答案。

④五行之生剋：陰陽家言謂五行之相生相剋也。

五行相生：即木生火→火生土→土生金→金生水→水生木。

五行相剋：即木剋土→土剋水→水剋火→火剋金→金剋木。

⑤奇正之變化：行兵之法，有奇有正，參而用之，則曰奇正。《孫子埶》：「戰埶不過奇正，奇正之變，不可勝窮也」又「奇正相生，如循環之無端，孰能窮之」。或謂八陣門。

八陣門：《太白陰經》：「黃帝設八陣之形，天陣居乾為天門；地陣居坤為地門，風陣居巽為風門；雲陣居坎為雲門；飛龍居震為飛龍門；武翼居兑為武翼門；鳥翔居離為鳥翔門；蛇盤居艮為蛇盤門。天、地、風、雲為四正門；龍、虎、鳥、蛇為四奇門。乾、坤、艮、巽為闔門；坎、離、震、兑為開門」。

《兵洛纂聞》：「黃帝按井田作八陣法，以破蚩尤，古之名將，知此法者，惟姜太公、孫武子、韓信、諸葛孔明、李靖諸人而已；其名之曰天、地、風、雲、龍、虎、鳥、蛇八陣者，孔明也。」按八陣之名，此為最古。此外以方、圓、牝、牡、衝、輪、浮、沮、雁行為八陣，或謂陣分休、傷、生、杜、景、死、驚、開八門者，皆後起之說。

⑥休咎：休，善也、美也、喜也、慶也。咎，災殃也。故休咎謂吉凶也。《書．洪範》有休徵、咎徵。《漢書．劉向傳》：「見《尚書．洪範》箕子為武王陳五行陰陽休咎之應。」

⑦諸子百家：諸子家數特多，因概稱曰諸子百家。《史記．賈誼傳》：「賈生年少，頗通諸子百家之書」。

⑧二十一史：明刊監本之正史也。宋時有十七史，明時以十七史合宋、遼、金、元四史為二十一史。

十七史：考《舊唐書．經籍志》，乙部正史類有《史記》、《漢書》、《後漢書》、《三國志》、《晉書》、《宋書》、《南齊書》、《梁書》、《陳書》、《後魏書》、《北齊書》、《後周書》、《隋書》共十三史；宋人於十三史外，加、北史及《唐書》、《五代史》，於是始有十七史之名。

語譯

第十五代王祖師說：凡是吾門學道的人，不准研讀非聖賢所著作之經書，也不准去學習與修道無相關用途之學識。

如果想光明其本體本性的人，應當以先聖先賢所遺留之《金剛經》、《清靜經》、《四書．大學篇》、《四書．中庸篇》等之正統經典著手研讀並熟練講解通順，自然能對於本身之性命修持，心源之光明是有益處的。

如果想更鴻達應用的人，當然另外要再熟讀《易經》及《河圖》、《洛書》等之數理經書。如此可明瞭卦爻所顯示之吉凶悔吝變化；知道世間萬事萬物之陰陽消長；認識金、木、水、火、土等五行之相生相剋道理；通達八陣形兵法中，有奇有正之詭妙變化；知曉吉凶命運來臨前之接納與防避，有了這些知識本能，然後才有經濟之概念與適從。

至於其他一些的禮儀與樂理、行政與刑事、諸子百家之書傳、十三經書、二十一史記、天文、地理等之浩大繁瑣項目，則隨其各人之需求來攝取相關之題材學習，但不求太多，當求其精，能學以致用，就如俗話所說的：「不怕千著會，只怕一著熟」。意思是說，與人比武或比文時，不怕對方樣樣都會，只怕對方有一樣非常之精通熟煉，此也正如古人所說的：「一技精通，行遍天下」。

讚曰：吾門不究非聖書　三教經典勤記熟
為渡眾生經意注　易經河洛達用殊

第三十三條 訓文

諸家丹經，惟《參同契》①、《悟真篇》②，與一氣之流行，日月之盈虧，頗有見解。而吾之《三易探源》、《一貫探源》，已賅括其義過之。如欲看來亦可，如欲不看亦可。

其男女③、龍虎④、鉛汞⑤、鼎爐⑥、火藥⑦之寓言⑧，淺見者，多妄意錯會，流入旁門。

吾人既得末後一著，最上一乘之法，三教聖經，足可證驗，諸般丹經，法不可用也。

註釋

①《參同契》：書名，魏伯陽所著。書中多言坎離、水火、龍虎、鉛汞之要，為後世言爐火者之祖，其名《參同契》者，謂參同《周易》黃、老、爐火三家而歸於一，妙契大道也，後蜀、彭曉撰《周易參同契通真義》三卷，即注此書者，《參同契》注本，以此為最古，朱熹作《參同契考異》一卷，其章次皆從此本，朱熹書署名曰空同道士鄒訢。

魏伯陽：漢吳人，習道術，入山煉丹成，著有《參同契》、《五行相類》等書。自洛，魏伯陽借《易》闡道，性命之理，合之天道，陰陽，參之卦、爻、河、洛，仰觀俯察，近取諸身，遠取諸物；因寒暑之升降，日月之盈虧，物類之牝牡，參而同之，契而和之，印證人身，若合符節。

黃、老：謂黃帝、老子也，黃、老為道家之祖，世因謂道家曰黃、老。《史記．申不害傳》：「學本黃、老而主刑名」，《漢書．竇田灌韓傳》「竇太后好黃、老言，而嬰、蚡等務隆推儒術，貶道家言，是以竇太后滋不悅。」

②《悟真篇》：丹書。宋時，南宗七真，紫陽真人張平叔所著，言修性命之術。

③男女：喻修道之乾坤同修。先天乾落於後天一聲，接後天之氣，識神一入漸失元神，乾卦變為離卦矣，離失中爻，變易為日，坤變為坎，坎為月，日月即喻男女，男失中爻，女失中陰，日月即戊己二土，二土即刀圭也，我等若明所久者，而補之缺者而填之，修此刀圭即子午卯酉四時帝旺之時，最好用工之妙，男補離中所失中爻，女補坎中所失中陰，復回坎中真陰還轉坤卦矣，男則補離成乾，身在後天功已成而理天矣。

④龍虎：道家以龍虎喻心火與腎水，伏制嗔怒情慾，使心火下降，腎水上潤，謂之降龍伏虎。龍又喻為雜念，故降龍戒雜念也，也是煉魂也。虎又喻為淫念，故伏虎戒淫念也，也是制魄也。

⑤鉛汞：男清為汞，女濁為鉛，乾為首，坤為腹，任脈、督脈未分時精氣神三家合一，此先天之象，精為元精，神為元神，氣為元氣，如水在山，如火蘊木，不識不知渾然天理，粹然至善，此謂靜之性也，至十月胎圓，瓜熟蒂落，囝一聲之氣由鼻以入，任脈中斷，火性炎上，神寓於目，乾首成離，水性潤下，氣根於腎，坤腹實而變坎，氣入後天，元精變而交感之精，元氣變而口鼻之氣，元神變而思慮之神，迷真逐妄此之謂也，修真者精純不淫，神足不眠，氣滿不食，靜則生虛，虛則生神，神則生氣，氣則生精，自無而有，不修不煉者，自然散花流水，元精化為濁精隨便以下，頓行向下耗盡則死，由聖入凡。

⑥鼎爐：鼎者金也，爐即風爐，不外玄關一竅而已，三花聚鼎即精氣神名三花在鼎中烹煉，五氣者「耳目鼻舌意」期在玄關，鼎下面即爐也，相離不過一寸而已，煉丹之所。「文烹」平常溫，平常息不遲不速是也。「武煉」者有活子時或有陽氣之時，速於採之，則用盡力從下關逼過三關進上鼎爐用「武火烹煉之」此地又名牝牡之門。

⑦火藥：是調息、煉氣，待真機發動，而採先天至精，使其飯原，亦是由無慮之中，所生之精液，方為真藥。

⑧寓言：有所寄託的說話。

語譯

在諸家煉丹之經書中，也只有魏伯陽所著之《參同契》與紫陽真人張平叔所著之《悟真篇》，能與一氣之流行，及日月之盈虧有頗多之見解記述。至於吾所編著之《三易探源》及《一貫探源》，已經更完備的包括這些資料，甚至更為齊全。凡我同修者，如欲研讀它，當然很好，可增進知識之視野，如果沒有時間研讀它，也無不可，因修道在重於誠心與意志之把持。

在諸家丹經中所提到的男女、龍虎、鉛汞、鼎爐、火藥等之道家專有名詞，均有其所寄託之含意在，對於那些智慧淺見的人，大都迷妄於本身的意思，而錯會了其所含之真義，結果可能流於旁門之修煉而已。

凡我同修之人，既然已得了末後一著之真傳，是最上一乘之法門，只要誠心的修持，都能超生了死，回歸本位，三教聖人所遺留下之經典，足可以證實與檢驗其真假，而那些諸般煉丹的經書，他們的法門就不可讓人超生了死，回歸本位。

讚曰：經書祖訓告學人　末後一著感中恩
三教聖經藏殊勝　諸般明示路歸真

丹經所言「九轉金丹」者：因先天之乾坤變後天之坎離；取坎中之陽，陽為九，故曰：「九轉」。

九轉即是還陽補離成乾，則曰：「金」。日月會合，煉作混元一氣則為「丹」。故先天以乾坤為性命。

其曰：龍虎①者：因先天之「離」居東，為青龍。後天之「離」居南，為赤龍。先天之「坎」居西，為白虎。後天之「坎」居北，為黑虎。坎為中男，為嬰兒②。離為中女，曰姹女③。意能運使曰：黃婆④。此東三，南二，中近五，之三家也。究其所以，不過以離神為性，坎氣為命，神氣合一，即是性命雙修。

儒家以凝神息命⑤為入手，是修上一關，帶起下二關，無為之近路也。道家以積精息念⑥為入手，是修下一關，透出上二關，有為之遠路也。

此乃真水、真火九轉金丹，九轉還陽丹，九轉紫金丹，龍虎大丹，太乙還丹之真訣也。神為火，氣為藥，陽升為「活子」。烹煉有地，採取有時，為「候」。小周天，本於日月之盈虧⑦。大周天，本於一氣之流行。

日月象也，流行氣也；象為質性，氣為氣性；總於「天命之謂性，率性之謂道」。性即理之性，成湯⑧降衷之性⑨，人生而靜之性，證之：《中庸》無聲無臭之天。《金剛經》離一切相之佛性。《清靜經》空無所空之性。

故末後之道，悉本於三教聖經為入手；達乎理天、氣天為了手。方可以盡人合天，優入聖域。而後窮理盡性，窮神知化⑩，大化聖神⑪之造詣、次第，方可腳踏實地，為三教之嫡派，萬世之標準也。

註釋

①龍虎：道家以龍虎喻心火與腎水，伏制嗔怒情慾，使心火下降，腎水上潤，因而調濟身心。另稱戒雜念謂之降龍，也是煉魂；戒淫念謂之伏虎，也是制魄也。

②嬰兒：男的養元神為嬰兒。

③姹女：女的養元精為姹女。為道家所煉之丹汞也。《周易》、《參同契》、《姹女黃芽》：「河上姹女，靈而最神，得火則飛，不見埃塵。」

④黃婆：脾內涎也。《參同契》注：「嬰兒、心血；姹女、腎精；黃婆、脾中涎」謝

邁詩：「黃婆居中補四方」吳澄詩：「有如姹女藉黃婆。」
⑤凝神息命：清靜無為，定靜無為；息氣和神，知其神而凝之。
⑥積精息念：閉息凝神，靜極生動，精化為氣；以積精為立基，以息念為下手。
⑦盈虧：即日月之氣盈與朔虛。
⑧成湯：商開國之王，契之後；子姓，名履，一曰天乙，初居亳，為夏方伯，專征伐，夏桀無道，成湯興兵伐之，放桀於南巢，遂有天下，國號商，在位三十年崩。
⑨降衷之性：降衷—降伏、歸順，誠實的歸順。降衷之性即《書經．湯誥篇》云：「維皇降衷，若有恒性。」
⑩窮神知化：《孔子家語》中顏回：「吾乃窮神知化。」就是專心研究至精至微，達到不可思議的境界。喻德之盛也。
⑪大化神聖：《孟子．盡心篇》：「充實而有光輝之謂大，大而化之，之謂聖，聖而不可知之，之謂神」謂充其內德而德化萬物之漸也。

語譯

煉丹之經書上所說的「九轉金丹」之修煉意義；因先天八卦的乾與坤，變為後天八卦的是坎、離，而修煉時為取坎中之陽，陽之數為九，所以才說「九轉」。「九轉」也就是取坎中之陽，還補離中之陰，使之成乾，則叫做「金」。日(離)月(坎)會合，煉成混元一氣，則叫做「丹」。所以說先天是以乾坤為性命。

至於說「龍虎」這兩字的意義，因先天的「離」位居東，而為青龍之地；後天的「離」位居南，而南為赤龍之地。先天的「坎」位居西，而西為白虎之地；後天的「坎」位居北，而北為黑虎之地。在乾坤生六子中，坎是中男，而男養元神，稱之為嬰兒。而離是中女，女養元精，稱之為宝女，其意義是能夠運作行使，嬰兒的心血及姹女的腎精，故叫做黃婆，也由於黃婆居中補四方。這些就是河圖之數二七在南、三八在東、五十居中等之三家方位也。研究其所以會如此之安排，只不過是以離神為本性，而以坎氣為生命，若能神氣合一，就是性命雙修了。

所以儒家是以定靜無為，息氣合神而息命為入手，也就是說先修上一關的「神」，再帶動起下二關的「氣」與「精」，這是無為之近路也。道家則是以積「精」閉息凝神，精化為氣而息念為入手，也就是說先修下一關的「精」，再滲透出上二關的「氣」與「神」，結果是有為之遠路也。

這些就是所謂真水、真火的九轉金丹、也有稱為九轉還陽丹、九轉紫金丹、龍虎大丹、太乙還丹等不同名詞，而是相同作用之煉丹真訣也。它是以神來當火種，以氣來當藥物，以陽升當活子，而烹煉在適當的地點，採取有效的時間，來作為火候。在於小周天之運轉，是起本於日月之氣盈與朔虛；但在於大周天之運行，則是起本於一氣之流行。

有了日月之後，即是有了形象，它是運行於氣中；而象是有質量的性質，而氣則是氣體的性質；總而言之，上天所賦於我人身中的，就叫做「性」，據於本性去行事，稱之為「道」，所以說，性即是真理之性，也是成湯皇帝的降衷之性，也是人生寂靜之性，等來證實之。這也是《中庸》所說的無聲無臭之性天；《金剛經》所說的遠離一切相之佛性；《清靜經》所說的空到無所空之本性。

所以在末後所傳之道，均是跟據三教聖人所遺留之經典為入手，而能夠達到理天、氣天做為最後之境界，這樣才可以合於天，優先進入聖域。而後即可窮究真理，盡釋本性中之能事；及充實其內德而德化萬物等之境地程度、修為，才可以腳踏實地的修持，成為三教之正傳門派，萬世之榜樣標準也。

讚曰：㈠丹經所述轉金丹　坎離乾坤隱密禪　一氣混元防意散　青龍白虎五中當

㈡無為近路儒家修　息念積精道教由　性命雙修統貫救　神火氣藥候時秋

㈢中庸無臭無聲天　一相全離金剛緣　清靜空無空妙現　聖經入手達聖焉

第三十五條　訓文

道本一理，原無二教；因為人生之氣質有清濁，根有利鈍，見有高下，識有明暗，學有淺深，師有真假；而三乘之法①，正旁②之別分矣！

教者初見之時，當現身說法；彼以丹經入者，當與談真性命、真火藥③；及降龍④有法，伏虎⑤有術；築基煉己，溫養沐浴，脫胎神化有訣。講透一切，然後闢破一切；掃去一切，漸漸引入真如佛性，彼方心服口服。如不談彼之所有，彼滿腹意見，反以我道為不通也。

註釋

①三乘之法：法有上中下三乘之分。

上乘：性理心法、口傳心印。

中乘：參禪打坐，煉氣之法。

下乘：敲鐘唸經，修福之法。

六祖言：法無三乘，人心自有等差。

小乘─見聞轉誦。中乘─悟法解義。大乘─依法實修。

②正旁：正法與旁門也。正法即直指見性，以心傳心之頓法。旁門即無天命真傳，無法超生了死者。

③火藥：是調息、煉氣，待真機發動而採先天至精，使其皈原，亦由無慮之中，所生之精液，方為真藥。

④降龍：氣之上升者為魂，魂喜生，乘魂則營營而亂思，戒雜念為降龍。

⑤伏虎：氣之下降者為魄，魄喜死，乘魄則默默而昏沈，戒淫念為伏虎。

語譯

本條之主旨在於「道本一理、原無二教」之兩句話上，它是說明道之本源只有一種真理，絕無第二個教派所提出的其他說法，就如佛之明心見性，萬法歸一；道之修心煉性，抱元守一；儒之存心養性，執中貫一，可見三教其修持之心性，其回歸之道源均一理，而之所以有不同之處，則是因為世人於出生時，其先天氣質有清有濁，其先天之根器有利有鈍，再加上後天的見解有高有下，智識有明有暗，學習有深有淺，甚至師承有真有假，所以其在修行上就分有三乘法門的途徑，習上乘者，為性理心法、口傳心印；修中乘者，煉氣之法，參禪打坐；從下乘者，修福之法，敲鐘唸經。

此也即是依附法門之修持上有正法與旁門之分，正法即是直指見性，以心傳心；而旁門則是無天命真傳，而無法超生了死的。

所以當時要去渡眾化人時，必須當場講明我們殊勝之法門。若對方是道家，並熟煉許多煉丹之經書者，就要與他們談論真性命，即本然之性，而非氣質之性。真火藥，即是調息、煉氣常利用時間清靜自我，經由無念慮之中所產生之良知良能，方為真火藥，可克制無明之火，可得到融和心性合一之境地。以及降龍之法，即同時可戒除心中之雜念、妄念；和伏虎之術，即可去淨一切之淫念、穢念；我們以常清靜，非禮勿視、非禮勿言、非禮勿聽、非禮勿動；及無人相、無我相、無眾生相、無壽者相，為築基煉己；以饑餐可飲，夏葛冬裘、貴賤有等、長幼有序、從容中道，為沐浴溫養；以數盡理純、性合無極為脫胎神化，道化生活，生活不離道，在日常生活中修持自我，去脾氣改毛病，行功立德，即可脫始神化。將這些所有道家修煉所歷經之各階段真義講清楚，然後可破除他一切之執著觀念，及掃除他們一切的成見與習慣，而慢慢的引入真如本性，才可以使對方心服口服。

如果不講明對方所修煉之丹法，與我修持之殊勝頓法，直指人心，見性成佛之差別，對方定會有滿腹的意見，反而說我們不懂，不會，我們的真道是不通達的，是假的。

讚曰：道本一理無二教　人生氣質利鈍消
伏虎降龍須秘竅　真如佛性得逍遙

此深入佛海者，不可與之談有為之法①，有象之法。若談有為，彼曰：「一切有為法，如夢幻泡影。」與之談有象，彼曰：「凡所有象，皆是虛妄。」

必與之談「西來大意」②，「音前薦取，語後當承；說話當人」，此三義，與之講明。

過去、現在、未來，一合理相，真如佛性；自爾暨窮三界，橫亙十方，而超出威音那畔③；為永劫常存，永不退轉之金剛體、般若性、菩提子、無上正等正覺之正法。

知法相無相，妙無不無，卻有實在；方可高不入於頑空，下不流為執相。擔荷正法④，大振宗風，而為通宗合教，辭理兼優，隨方演教，無量渡人，天人師表，大覺法王。

再為之講明：「六字真言」⑤，及「觀音」⑥之大用，「常」「變」方可以度佛門高僧。

註釋

①有為之法：是有因緣造作，包括有情、無情，都是夢幻、空花夢境，都是虛妄、不真實的。如法術、風水、地理或改運、算命、求財、求壽、求保佑等。

②西來大意：即達摩祖師西來傳道的真義。《達摩寶傳》云：「達摩原來天外天，不講佛法也成仙，萬卷經書都不用，單提生死一毫端，見性一轉三千卷，了意一刻百部經。」

又云：「達摩西來一字無，全憑心意用功夫，若要紙上尋佛法，筆尖蘸乾洞庭湖。」

又云：「人人有卷無字經，不用紙筆墨寫成，展開原來無一字，晝夜四時放光明。」

③威音那畔：威音即威音王，是空劫初成之佛；威音那畔就是指雖然以前沒有說道，事實上「道」已存在，即實際之理地也。換言之，是先天先地之先，不為先；後天後地之後，不為後。所以道是不生不滅的，而天地萬物，一切有形有象的輪迴生滅的轉換，物質都有成、住、壞、空或生、老、病、死的變化，週而復始的交替著，這樣一生一滅，一生一死的過程，即稱為劫，而道是歷永劫而不壞不滅的。

④擔荷正法：即《金剛經》所說的「荷擔如來」，荷者背負也，擔者肩持也，如來者即證得如來之道法也。因為如來之道法，本來尊貴無比，一旦道由人宏，廣開普渡之機時，則負此宏道責任的人，必然要命嚴任重，如果能夠不辭艱苦，毅然負起此宏道之責任者，即是荷擔如來。換言之，如能「荷擔如來」所以才能成就大功德也。此在今日言之，即是獻身於宏道事業上之受命者也。

⑤六字真言：即紅陽期，傳道時之口訣真言「南無阿彌陀佛」，其意為：「南」者，乃先天乾位，乾為天，天則大無不包；一氣流行寒暑代謝，此變易之易也。又為後天離位，離為日，日則明無不照，朔望盈虧，日月週轉，此交易之易也。

「無」則無微不入，無聲無臭，無形無象，無始無終，無在而無不在，此不易之易也。

「阿彌陀佛」則造詣之次第也。

「阿」則積精自心，凝聖堅固此初乘法也。

「彌」則直養無害，充塞周遍，此中乘法也。

「陀」則神化自然，圓通應感，此上乘法，也是最上一乘之法也。

「佛」則上述三者成就具備也。只此六字真詮，會通三教，貫徹人天，虞延一十六字、《中庸》三十三章、《道德經》五千言、《南華》十萬字、《釋典》五千四十八卷，皆不出此六字之外矣。

⑥觀音：為觀眾生之苦音，聽眾生之憂心，無緣大慈，同體大悲，慈悲拔眾生之憂，予眾生得樂，能以此慈悲心懷，救眾生脫離生死輪迴，使人人之佛性，得以回歸本位，離苦得樂，以真常之理為依歸，以生滅消長之變化為印證，此即為觀音。

語譯

關於渡人成全方面，王祖師說：「若是遇到有研究佛家者，不可與其談論有為之法，如法術、算命、改運、求財、求壽、求保佑等等；及有象之法，如風水、地理等之山、醫、命、卜、相，來做為引導之話題」，如果與他們談論這些有為法時，對方會說：「一切有為法，如夢幻泡影」。其意是說：世間一切有為之作法，就像做夢、幻想、水泡、影子等一樣的，在極短暫的時間就消失了，是不能常久的。以此來反駁我們；如果與他們談論有形象之方法時，對方也會說：「凡所有象，皆是虛妄」。其意是說：凡是有形有象可見的東西，都是假相不實在的。也以此來反駁我們。

所以必須與其談論達摩祖師西來傳道的真義，就如《達摩寶傳》所言：「達摩原來天外天，不講佛法也成仙，萬卷經書都不用，單提生死一毫端，見性一轉三千卷，了意一刻百部經」。又說：「達摩西來一字無，全憑心意用功夫，若要紙上尋佛法，筆尖蘸乾洞庭湖」。又說：「人人有卷無字經，不用紙筆墨寫成，展開原來無一字，晝夜四時放光明」。而在談論中的三項原則是：

一、於談論之前，挑選適合之主題，始提出推薦為題。

二、談論之後，要承當所推舉之資料，絕對真實，全無虛冒之舉。

三、所談之話題均為針對人身之修持真義，可超脫生死輪迴，達本還原。

以此原則與對方說清楚。

道是貫通古今，無始無終，所以沒有過去、現在、及未來時空之限制，道能生天、生地，既有天地，道在天地之中，；道在於人，稱為本性，《金剛經說》：「一合理相」即是真假合一，本性與肉體合一，體用合一，又說：「真如佛性」，佛陀說：「大地眾生，皆具佛性」。故真如佛性為人人自有之本性，若能迴光反照，即見自身之真如佛性。道也自此之直方向可通達欲界象天、色界氣天，及無色界理天之三界，而橫的方向，也可窮至十方之遙，故道可說充塞於天地萬物宇宙之中，大無不包，細無不入，所以是超出威音那畔，威音那畔就是指，雖然以前沒有說道，事實上道已存在，也即實際之理地也，所以道是不生不滅的，而永劫常存，更是永不退轉的，可說硬如金剛之體，道的名詞很多，故又稱之為「般若性、菩提子、無上正等正覺之法。」皆指道之寶貴及奧妙。

真性本無體，真佛之法身無形，性與法身本來就無體可見，就如真法是無相。道之至神至妙是常而不變，妙無不無，體雖寂然不動，用則感而遂通，卻有實在，超耳目之外，不可以知識解，貴在覺悟不可言傳，無上菩提不思而得，如此方可高者不著於頑空，下者不流為執相。

故當擔傳承正法之領命者，可振興正教，而為闡揚各教聖人之妙法本心，以其最上乘之道義真理，隨地各方去傳法說教，無限量的渡人化眾，而能成為道中模範，天人師表，最後成就無上菩提，而達歸根復命之大覺法王。

再次為之講明「六字真言」及「觀音」之大用，六字真言即紅陽期，傳道時之口訣真言，「南無阿彌陀佛」，「南」者乃先天之乾位，乾為天，天則大無不包，一氣流行，寒暑代謝。「無」者無微不入、無聲無臭、無形無象、無始無終、無在而不在。「阿」者凝聚堅固。「彌」者充塞周遍。「陀」者圓通應感。「佛」者三項成就，只此六字真詮，會通三教，貫徹人天。「觀音」者觀眾生之苦，聽眾生之憂，無緣大慈，同體大悲，以慈悲拔眾生之苦，予眾生之樂，救眾生脫離生死輪迴，使人人之佛性，得以回歸本位，這種以真常之理為依歸，以生滅消長之變化為印證，方可以渡化佛門之高僧。

讚曰：㈠佛門欲渡避有為　彼以泡影虛妄回
敘論西來玄意對　音前語後當人追
㈡一合理相知真如　三界十方廣佈施
超溢威音永劫述　金剛無上正覺儲
㈢荷擔正法振宗風　辭理兼優隨教從
無量渡人天下共　大覺沐化法王通

第三十七條 訓文

學人當知，道本無名，強名曰「道」。法本無為①，強名曰「修」。《金剛經》曰：「無法可說，是名說法②。法尚應捨，何況非法③。無法可得，名阿羅漢④。無行可行，名須菩提⑤。一切賢聖皆以無為法而有差別⑥。」

佛法離一切相，不得真傳者，多入頑空而不達，應作如是觀之作用，一合理相之實體，無上正等正覺⑦之究竟。

故吾傳道，先指明真如佛性，諸法空相⑧；通天徹地，不生不滅，不垢不淨，不增不減之實理。

此「理」，人之本有，現現成成，因拘於氣稟，蔽於物慾；迷真逐妄，背覺合塵；忘其固有，流浪生死。

故教以有事戒淫念，無事戒雜念之法；二念淨盡，則神合虛空，超出三界外，不囿五行中，而為萬劫不壞之大覺金仙也。

註釋

①無為：是無所住於法之法，是天理人生自然流露，不假因緣造作而抱一，從天性而發之真為，即是天德之流露，非但要為，而且要盡其能去力行無為、而為、不為，才是真無為，無為之道是天地自然之道。

②無法可說，是名說法：《金剛經．非說所說分第廿一》：「須菩提，說法者，無法可說，是名說法」。其意是說：所謂說法者，其實本無什麼法可說，真空妙理本來無法，真法並不假於言說始說，因為所說之法只能為眾生啟迷破愚，並不能持之以成道，故特權變之曰說法而已。

③法尚應捨，何況非法：《金剛經．正信希有分第六》：「法尚應捨，何況非法」。其意是說：所言的一切佛法，就等於是渡河之筏子一樣，到時都須捨去，尚不是真，何況不是佛法之諸等世見善語、外道邪說之法等，則更不足以取，而應全部捨去了。

④無法可得，名阿羅漢：《金剛經．無法可得分第廿二》：「乃至無有少法可得，是名阿耨多羅三藐三菩提」。其意是說：甚至連絲毫少法亦無所得，因為若有所得即有所失，有得失者，皆是身外之物，而自性本是我之真體，本來無失，那麼何有所得，因自性菩提，人人具足，連絲毫僅少有法可得之義都沒

有，故始名作無上正等正覺之菩提也。

⑤無行可行，名須菩提：《金剛經．一相無相分第九》：「以須菩提實無所行，而名須菩提」。其意是說：因為須菩提我，心原無所得，亦無所行，只知在本性上來體會，本分上一塵不著，以此得名須菩提而已。

⑥一切賢聖皆以無為法而有差別：《金剛經．無得無說分第七》：「一切賢聖皆以無為法而有差別」。其意是說：就是一切賢聖，皆依不可取、不可說、非法、非非法之「無為法」為入手。得道之淺者(賢)，因其悟也遲，故先假言說而後自悟；而得道之深者(聖)，因其悟也疾，故頓悟頓修，本來無說，其成功雖一，只是在進修方法上有所差別就是了。

⑦無上正等正覺：包括心地法門，明心見性，由世俗超越而達到成佛的境界；在行為上是大慈大悲菩薩心，是菩提心，入世救一切眾生；在理上是大徹大悟，超越形而上的本性之心，所以「三藐三菩提」意義很多，只能保持這個原文的音，讓後世人自己去體會，自己去解釋。

⑧諸法空相：諸法者所有一切法，空相者係言世間有為法，皆是真如本性所緣起的現象，當透過這些現象去體認真空實相，蓋此真如，如如不動，寂靜圓照，萬法無滯，隨感隨通，虛應靈通，取之不盡，用之不竭。諸法皆空，本非實際。仙真云：「法本無法，形本非形，有形終是假，無相是真人」。《金

剛經》：「一切有為法，皆是虛妄，若見諸相非相，即見如來」。道川頌云：「有相有求俱是妄，無形無見墮偏枯，堂堂密密何曾問，一道寒光爍太虛」。《刊定記》云：「執相迷真，對面千里，虛心體物，天地一家」。《經》頌云：「有心俱是妄，無執乃名真，若悟非非法，逍遙出六塵」。

語譯

學道的人當要瞭解，「道」本來是沒有名的，老子勉強取一個名，叫「道」。法本來也是沒有欲為的，而想依法來達到佛境，我們也勉強稱之為「修」。

《金剛經》在非說所說分第廿一說：「須菩提，說法者，無法可說，是名說法」。其意是說：所謂說法者，其實本無什麼法可說，真空妙理本來無法，真法並不假於言說才說，因為所說之法只能為眾生啟迷破愚，並不能持之以成道，故特權變之曰說法而已。又在正信希有分第六說：「法尚應捨，何況非法」。其意是說：所言的一切佛法，就等於是渡河之筏子一樣，到時都須捨去，尚不是真，何況不是佛法之諸等世見善語、外道邪說之法等，則更不足以取，而應全部捨去了。又在無法可得分第廿二說：「乃至無有少法可得，是名阿耨多羅三藐三菩提」。其意是說：甚至連絲毫少法亦無所得，因為若有所得即有所失，有得失者，皆是身外之物，而自性本是我之真體，本來無失，那麼何有所得，因自性菩提，人人具足，連絲毫僅少有法可得之義都沒有，故始名作無上正等正覺之菩提也。又在一相無相分第九說：「以須菩提實無所行，而名須菩提」。其意是說：因為須菩提我，心原無所得，亦無所行，只知在本性上來體會，本分上一塵不著，以此得名須菩提而已。及在無得無說分第七說：「一切賢聖皆以無為法而有差別」。其意是說：就是一切賢聖，皆依不可取、不可說、非法、非非法之「無為法」為入手。得道之淺者(賢)，因其悟也遲，故先假言說而後自悟；而得道之深者(聖)，因其悟也疾，故頓悟頓修，本來無說，其成功雖一，只是在進修方法上有所差別就是了。

在佛法已能離一切相之後，而還達不到明師真傳之悟境的人，多半是入於頑空，所以才無法達到空中有妙有之體悟，所以應該回光反照，在如是的地方來觀察其作用，始有「一合理相」合而為一之實體，而到達心地法門，明心見性，由世俗超越至成佛的境界；在行為上是大慈大悲之菩薩心，是菩提心，入世救一切眾生；在理上是大徹大悟，超越形而上的本性之心，此即所謂無上正等正覺之究竟。

所以王祖師所傳承的道統，一定先指明本身之真如佛性，所有的法門都不能有相的執著，如寂靜圓照萬法無滯，隨感隨通，虛應靈通，取之不盡，用之不竭。而能通貫天理，徹悟地理；並有不生不滅，不垢不淨，不增不減之實性真理。所謂「不生不滅」者，言生滅乃後天之事也，先天沒有生滅。人之生是生肉體，謂之生，靈性並無生；人之死也是色身之死，靈性並無死也。滅者，軀殼滅，理性屬於先天，來去自如，並無滅。修道的眾生，當體知真空實相之本貌，靈露妙妙，此真空般若的本性真如，本來沒有生滅，湛然不動，故曰不生不滅。所謂「不垢不淨」者，人之本性，本是先天理性，在天謂之理，賦於人身謂之性，空寂圓通，清淨之法身，無名無相，真空為體，故無法染著使其垢。如虛空、似蓮花不染污泥，亦不淨潔，出泥自然淨白，不造作，自性真如是沒有相貌，並無從染著垢淨，隨緣顯示妙用，故曰不垢不淨也。所謂「不增不減」者，人之本性及天之理，自性本圓滿周遍，並非可以加之使其增；損之使其減，眾生與佛同樣不增不減，雖然歷劫輪迴，色身更換，靈性仍然不增不減也。道家云：「在聖而不餘，在凡而不欠」。釋家云：「如如自然，無欠無餘」。又云：「經歷劫而不壞，至亙古而不遷」。如一月映千江中，無有增減；故曰不增不減也。

此個真理，則是人人所本有的，有時呈現於善行上，有時成就在功德上，若因被氣稟所拘，物慾所蔽時，則迷失真理而追逐妄想，背離了覺醒之路，而混合於塵俗之間，忘卻其固有之德性，流浪於生生死死之中。

所以在教導信徒之方法上，有事的時候要慎戒淫念動心，而在空閒無事的時候，要謹戒雜念困心。當這兩種不好念頭能淨除迨盡，則元神能融合虛空，而超出三界之外，不被囿於五行之中，而成為經萬劫卻不壞的大覺金仙也。

讚曰：㈠當知天道本無名　法本無為立修新
依據金剛經意進　聖賢從道渡人勤
㈡真如佛性諸法空　雜淫念除逐妄同
神混虛空三界外　萬劫不壞金仙通

第三十八條 訓文

與時文①之儒，無兼通博覽之學者；切不可與之談仙經、釋典，成仙、作佛之語。

蓋自昌黎②闢佛毀老以來，後之儒者，皆不達三聖同源之理。其著書立說，動以異端，歸之佛、老。致令柱下猶龍③，沈冤莫伸；西山聖人④，曲高和寡。更見緇衣⑤、黃冠⑥之輩，愈趨愈下，鮮有達者；末後之世，三教皆然。

欲與時儒接訪，必須先自「天命之謂性」之天，理、氣分清。先講氣天一貫，鑿開天度，闡明化源；則天根⑦月窟⑧之來往，神鬼屈伸之消息。即升降而推兩儀，由兩儀而分四象、八卦、六十四卦、三百六十五度又四分度之一、周轉。大化流行，上運星斗，下托大地，中貫萬類。

「復」之一陽為奇，而參天之數生；「姤」之一陰為偶。而兩地之數顯。律、度⑨、量⑩、衡⑪，河、洛、卦、爻；蓍策之數，莫不由此一本而分萬殊。

氣之所在，即天之所在；氣無不在，即天無不在。陽氣上升，自子至午，一百八十二度有奇，由七日之復，而潛、現、乾、躍、飛、亢之六龍⑫有據矣。

陰氣下降，自午至子，一百八十二度有奇，由履霜之漸，而姤、遯、否、觀、剝、坤之六卦⑬有徵矣。

陽氣上升，乘氣而化者，則鳶飛戾天，鼠化為鴽⑭。陰氣下降，乘氣而化者，則魚躍於淵，雀化為蛤⑮。

一氣流行，充塞宇宙，謂之「天」。人生之時，落地一聲，元氣入身，謂之「命」。　主持形骸，謂之「性」。應酬萬變，謂之「心」。感於萬事，而生喜怒哀懼愛惡欲，謂之「情」。心之所之，謂之「志」。心之所憶，謂之「意」。飛潛動植，咸稟⑯一氣而生，謂之「一貫」。大無不包，謂之「費」。細無不貫，謂之「隱」。貫乎有象，謂之「顯」。通乎無形，謂之「微」。至真無妄，謂之「誠」。塞滿乾坤，謂之「大」。獨立不倚，謂之「中」。因物付物，謂之「和」。視之不見，聽之不聞，有感悉通，無求弗應，謂之「神」。　陽生陰殺，萬物共由，謂之「道」。學道而得於心，謂之「得」。

大而元、會、運、世，次而春、秋、寒、暑；再次而晦、朔、弦、望⑰，以及子、午、卯、酉，都來一呼一吸，亦合周天造化。此箇消息⑱，視得到，說得出；而格物窮理，內聖外王，明體達用，引而伸之，觸類而長之，賢人之能事畢矣！

然此猶氣數之命，氣質之性，人心、識神之所自來；而非本然之性，降衷之性，人生而靜之性，性善之性，道心、元神之所自來。

此道天人合一，顯微無間。「故君子之道，本諸身，徵諸庶民，考諸三王而不謬，建諸天地而不悖，質諸鬼神而無疑，百世以俟聖人而不惑⑲。」方可為天地立心，為生民立命，為往聖繼絕學，為萬世開太平⑳。

知天為性之所自出，則三教一天，萬物一天；天無二則道無二；知此則三教歸一，萬法歸一，非虛語矣！故曰：「教不歸一，便非正教；法不歸一，即是邪法。」此造化之大體也。故聖人繼天立極，代天宣化；則制禮以節之，作樂以和之；刑以驅之，賞以引之；正以一之，學以教之，行以率之；格其非心，復其理性；窮神達化，盡人合天。此由愚希賢，賢希聖，聖希天之道也。此條可以度儒。

註釋

①時文：時下所流行之文體。

②昌黎：即韓愈，唐朝人，字退之，世稱韓昌黎，曾以諫迎佛骨事，貶為潮州刺史，幼孤，刻苦學儒，及長，操行堅正，發言直率，德宗時登進士及等，歷四門博士，轉監察御史，卒謚文，愈博通經史，綜貫百家，生平詆排異端，攘斥佛、老。其所作文章，自成一家，世稱《韓文》，蘇軾常稱其文起八代之衰，有《韓昌黎全集》。

韓愈出征至秦嶺、藍關嘆曰：

一封朝奏九重天，夕貶潮陽路八千，本為聖朝除弊政，敢將衰朽惜殘年。雲橫秦嶺家何在，雪擁藍關馬不前，知汝遠來應有意，好收吾骨瘴港邊。

③柱下猶龍：指老子而言，以老子曾仕周為柱下史，又孔子適周問禮，歸而贊嘆老子其猶龍。

老子曰：「子所言者，其人與骨皆已朽矣。獨其言在耳，君子得時則駕，不得時則蓬累而行，吾聞之，良賈深藏若虛，君子盛德，容貌如愚，去子之驕氣與多欲，態色與淫志，是皆無益於子之身，吾所以告子者若是而已」。孔子歸三日不語，子貢怪而問之。孔子曰：「獸吾知其能走，鳥吾知其能飛，魚吾知其能游，走者可以為網，飛者可以為矰，游者可以為綸，惟龍吾不知其乘風雲而上九天，今日老子，其猶龍乎？」

④西山聖人：是指釋迦牟尼佛。佛教始祖，周靈王十五年(西元前五五七年)誕生於中印度憍薩羅國迦毗羅衛城，名悉達多，父為迦毗羅衛城主淨飯王，母摩耶夫人，誕生後七日，摩耶逝世，賴姨母波闍波提撫育之，十九歲，納拘利城主善覺王之女耶輸陀羅為妃，二十九歲時，偶乘車出遊，見衰病者及死者，深悟世間之無常，遂決意出家；一日夜半(時為十二月八日)乘馬潛出王城，入東方藍摩國剃髮為沙門，旋詣王舍城邊阿蘭若林，就鬱陀羅伽仙求道，遂修習諸種之禪定，更至優樓頻螺村之畢羅樹(佛於此成道，故又名菩提樹)下敷草，結跏趺坐，誓曰：「不成正覺，終不起坐」至二月八日夜，忽睹明星而大悟，得一切種智，於是成大覺世尊，為人天之大導師，時年三十五也，於是周遊四方，化導群類，凡四十餘載，示寂於拘尸那城、跋提河(金河)邊娑羅雙樹之下，時周敬王四十三年(西元前四七七年)二月十五日，應世共八十年。

⑤緇衣：和尚所穿的衣服(僧徒之服也)。

⑥黃冠：指道士。唐求《題青城山》、《范賢觀詩》：數里緣山不厭難，為尋真訣問黃冠。

⑦天根：指一陽生之位也，故為震。星名即氐宿：為二十八宿之一，蒼龍七宿之第三宿，《爾雅·釋天》：「天根氐也」

註：「角亢下繫於氐，若木之有根」。《星經》：「氐四星為天宿宮，一名天根，二名天府，木星」。

⑧月窟：指一陰生之立也，故為巽。與月窟同，喻極西之地，梁·簡文帝《大法頌》：「西踰月窟，東漸扶桑」。

⑨度：乃計物之長短也。如丈尺曰度。

⑩量：乃計物之輕重也。如斗斛曰量。

⑪衡：稱物之具。

⑫六龍：乾卦之六個爻名稱。

潛—初九，潛龍勿用，陽在下也。

其所處之位是在地下，龍未出土，當然不能施用，因為羽毛未豐滿時不可高飛，假如亂動，必遭挫折，這就啟示我們在青年時代，猶如生龍活虎，前途不可限量，但是要靜心修養，努力求學，先把本身健全起來，以後進入社會自可一飛沖天，青雲直上。

現—九二，見龍在田，利見大人。

此爻說明當偉大人物顯現時，給天下帶來生機與希望，有作為之人，應當擁護與支持，同時本身也應當接近群眾，結合有作為之同志。

乾——九三，君子終日乾乾，夕惕若厲，無咎。

終日自強不息，是正在反復實踐天之法則，以鍛鍊自己，此爻，說明在成長時期，羽毛未豐，應當奮發努力，但必須戒慎恐懼，以防災禍。

躍——九四，或躍在淵，無咎。

或許由深淵中躍出，是說已經完成準備，進退有據，即或前進，也不會有過失或災難，此爻說明已經到了躍躍欲試之試鍊階段，決定進退應當謹慎把握最有利之時機。

飛——九五，飛龍在天，利見大人。

龍飛騰昇天，是指唯有具備才德之偉大人物，才能到達此一地位，此爻說明已經到達大展鴻圖之極盛時期，應當選賢與能，賢能也應當支持擁護。

亢——上九，亢龍有悔。

飛騰到極限之龍，會後悔，因為盈難以持久，滿則招損，此爻說明盛極而衰，是大自然之常則，應常警惕與節制。

⑬六卦：為十二辟卦中之六卦。

姤：天風姤 ䷫ 巽下乾上（芒種、夏至）（五月）（午）

遯：天山遯 ䷠ 艮下乾上（小暑、大暑）（六月）（未）

否：天地否 ䷋ 坤下乾上（立秋、處暑）（七月）（申）

觀：風地觀 ䷓ 坤下巽上（白露、秋分）（八月）（酉）

剝：山地剝 ䷖ 坤下艮上（寒露、霜降）（九月）（戌）

坤：地為坤 ䷁ 坤下坤下（立冬、小雪）（十月）（亥）

⑭鼠化為鴽：為七十二候季節之一，於三月份裏清明轄下之桐始華，田鼠化為鴽，虹始見等之一候。

鴽為鳥名，《禮記．月令》：「田鼠化為鴽」。

⑮雀化為蛤：為七十二候季節之一，於九月的寒露轄下之鴻雁來賓，雀入大水為蛤，菊有黃華等之一候。

蛤為軟體動物，瓣鰓類，如蛤蜊，殼形卵圓而膨大，長寸餘，殼表色淡褐，稍有輪紋，內白色，緣邊淡紫色，棲淺海砂中。

⑯咸稟：即皆受之意。

⑰晦朔弦望：晦—月盡也，陰曆每月之最後一天。

朔—陰曆每月的第一天，即初一也。

弦—月中分，半月之名也。

望—陰曆每月十五日。

⑱消息：陰死為消，陽死為息。

謂盛衰，《易．豐卦》：「天地盈虛，與時消息」。

孔疏：「天之寒暑往來，地之陵谷遷貿，盈則與時息，虛則與時消」。消息為滅盛衰之義，音信所報人事之順逆吉凶等。

⑲故君子之道，本諸身，徵諸庶民，考諸三王而不謬，建諸天地而不悖，質諸鬼神而無疑，百世以俟聖人而不惑：此為《中庸》第二十九章。

所以君子治天下的道理，本身要有德業，善行，證驗合不合民心，百姓是否能信從，與夏、商、周三代之聖君明王所訂定的法制相比對，看是否有差錯不合理的地方，立於天地間，是否有違背天道之原則，對證於鬼神而無疑慮的，等到百世以後，聖人出來也不會感到離開道。

⑳為天地立心，為生民立命，為往聖繼絕學，為萬世開太平：

這句話為宋朝理學家張載之至理名言，學者每每對之吟誦再三，讚佩不已，其善體天意，民胞物與的精神，永遠活在世人的心靈深處，凡有志於聖賢之道，樂於在進德修業上，下點功夫的人，無不將之奉為至上的座右銘。

㈠為天地立心——天人本合一，人無天無以和諧，天無人無以顯揚，然天人之間，唯能溝通者「心」也，此心即「天道」、「天理」，只要我們能以此與天地和諧相處，共成共長才能真正達到「天人合一」之境。修行者之所以要為天地立心，就是要體認到我們區區七尺之上，還有天命存在，《中庸》有云：「天命之謂性，率性之謂道，修道之謂教，道也者不可須臾離也」意即在此。人為三才之一，故天地必須配合了人，才能成化育之功，《易經》強調「苟非其人，其道不行」、「神而明之，存乎其人」，《禮記》更直截的說：「人者，天地之心也」。可見人的重要性，因為唯有人，才能使天地之心得以發揚，有志者當體「天不言，地不語」而以身教，言教普傳此「心」，確立此「心」，如一燈而傳至無盡燈，天地之「心」才得以立。

㈡為生民立命——為什麼要來為生民立命呢？因為人在歷經輪迴之際，人性有時受無明遮蔽會沉落，會暗淡，故孟子說：「天下溺，援之以道」，朱熹解為通「為生命立道」，故立命即立道，修道之義。簡單的講，我們當努力修此慧命，以上通天命，下制運命化生命，則可與天地同參矣。

人於修行途中，運命是不足思的，「死生本有命」，唯有《易經》上所云「天行健，君子以自強不息」的精神，才是我們的準則，故立慧命的修行者，終能克制運命，且要以「變化氣質」來自勵，使生命不斷的昇華，令其不致向下沉落。可見能為生民立命者，實為自渡渡人，己達達人的良方。

㈢為往聖繼絕學—聖賢辛苦一生，探索宇宙真理，並力求解決人生問題，將一點一滴的成就累積下來，開出智慧的火花，為天地間生生之德的奧意，給了一番註腳，但多少真義，今卻成了「絕學」。身為有志「繼絕學」者，有一個共同感覺那就是—「無上甚深微妙法，百千萬劫難遭遇，如今見聞得受持，願解如來真實義」的抱負。

至於如何才能「繼」呢？「繼」字有三層意義：「一、是傳承。二、是發展。三、是創新」。修行者發揮真理，如要能將之傳之永恒，它的基礎就必須要寬，它的視野就必須要廣。否則一偏之見，將要自壞前程，邵康節臨死前，弟子懇求遺訓，他鄭重地教以：「門前之路須開闊，否則自家行不得，又如何叫人去行。」此語實為立志行道者之至理明訓。很多有志於聖學者，一味只在固守紙堆或在表面上大作文章，卻終不得究竟，這些對於往聖的思想，囫圇吞棗似地接受，實難把握住聖賢的真確處，像是花瓶內的花朵，即使或能盛開一時，終究是會枯死的。

㈣為萬世開太平─先給「太平」兩字下個註解：

太平兩字首見於《道德經》三十五章「執大象，天下往，往而不害，安平太」河上公對本章的解釋是「萬物歸往不傷害，則國家安寧，而致太平矣。」

在儒家而言，於《禮記．禮運篇》中的大同社會是「大道之行也，天下為公，選賢與能，講信修睦，故人不獨親其親，不獨子其子，使老有所終，壯有所用，幼有所長，矜寡孤獨廢疾者皆有所養，男有分，女有歸，貨惡其棄於地也，不必藏於己；力惡其不出於身也，不必為己，是故，謀閉而不興，盜竊亂賊而不做，故外戶而不閉，是謂大同」。

可見出「太平」、「大同」之日子來臨，都要有個前提─「大道普行」。古今中外，多少聖賢無不在此方面做最大的努力，雖沒達成大同，太平之世，但救國救民的史蹟，卻史不絕書，宋、明之能在文化上，戰勝敵人，沒有在兇殘蠻寇的入侵下投降，都是理學家以聖賢為己任者的大功。今天我一貫道之道親，無不在為大道之普傳而努力，無不為萬世開太平之工作而努力；《中庸》云：「動而世為天下道，行而世為天下法，言而世為天下則，遠之則有望，近之則不厭」。如此以言教、身教，才能感化世人，要以真理、真法、真工夫，人人躬行實踐，以扶夫道，救人心，促其再現大同盛世，生民安居樂業，而能參贊化育，各盡其實，以報答天恩，這是生為末世之人，最光榮偉大的天職。

語譯

想渡化時下所流行之儒家學者，若無身通博覽學問的人，千萬不可跟他們談論仙經與釋典，以及能成仙、作佛的修為話題。

自從韓文公闢謠佛家，毀謗道家以來，之後儒家學者，都不能達到三教共同源頭之真理修養。所以他們的編書敘述發表稱，社會上之所以有異端之變態動作，都歸罪於佛門，道家所引起，以致於令老子含冤而無從伸辯；釋迦牟尼佛也因而信仰的人漸少；更是看到和尚及道士之輩，每況愈下，於修持上不立志用心，以致於鮮有達到究竟的人；在這末世時期，三教都一樣處在頹運敗道的局面。

所以想與時下所流行之儒家學者拜訪渡化時，則必須先從「天命之謂性」之天，其所含概之理天、氣天分辨清楚。

先講氣天如何一貫，可開鑿上天的奧秘，可揭開宏化之根源，則知天根一陽生之位，與月窟一陰生之位間的往來，及神鬼屈伸之消息，此即由理天、氣天之一貫，則由升降而生兩儀，再由兩儀而分四象、八卦，而至六十四卦，終達三百六十五度又四分度之一的圓滿周轉，這種大宇宙之變化流行，上是運轉河漢星斗，下托支大地，中間貫通萬物萬類。

「復卦」䷗地雷復之一陽為奇數為三，故為叄天之數生成；「姤卦」䷫天風姤之陰為偶數為二，故為兩地之數顯著。「律」為音樂律呂原理準則；「度」為計物之長短；「量」為計物之輕重；「衡」為稱物之具。河圖、洛書、卦、爻等之變。以及卜卦用蓍策之數理，莫不由此之一本源而分散萬殊的。

有氣之所在地方，也即是天之所在；也可以說氣是無所不在的，也即是天也無所不在。於宇宙間來看，當陽氣上升時，是自「子」位開始(正北方)，然後順時針方向而至「午」位(正南方)止，經過一百八十二度多一點(整個圓是三百六十度)，在乾卦來講，要歷經七日變一爻，而「潛」為乾卦第一爻叫初九，潛龍勿用，陽在下也。「現」為乾卦第二爻叫九二，見龍在田，利見大人。「乾」為乾卦第三爻叫九三，君子終日乾乾，夕惕若厲，無咎。「躍」為乾卦第四爻叫九四，或躍在淵，無咎。「飛」為乾卦第五爻叫九五，飛龍在天，利見大人。「亢」為乾卦第六爻叫上九，亢龍有悔。此乾卦六龍均有卦象之依據的。

當陰氣下降時，是自「午」位位(正南方)，順時針方向至「子」位(正北方)，也是經過一百八十二度多一點，逐漸將接近霜寒之天氣，而「姤」為天風姤卦，一陰生，於「午」位上，季節是五月，芒種、夏至期；「遯」為天山遯卦，二陰生，於「未」位上，季節是六月，小暑、大暑期；「否」為天地否卦，三陰生，於「申」位上，季節是七月，立秋、處暑期；「觀」為風地觀卦，四陰生，於「酉」位上，季節是八月，白露、秋分期；「剝」為山地剝卦，五陰生，於「戌」位上，季節是九月，寒露、霜降期；「坤」為重坤卦，六陰生，於「亥」位上，季節是十月，立冬、小雪期。等此六卦也均有其徵象的。

當陽氣上升時，有乘著氣而變化的，則如鳶鳥飛在天空一樣，是在於三月中清明季節裏的田鼠化為鴽之候季時期，當陰氣下降時，也同樣乘著氣而變化的，則如魚跳躍於深淵之中，是在九月中寒露季節裏的雀入大水為蛤之候季時期。故當一氣流行，充塞於宇宙之間，稱之為「天」；當人出生的時候，担地一叫聲，元氣入身，稱之為「命」；主導我們人身全體的作用，稱之為「性」；能應酬一切事物之萬變，稱之為「心」；面對萬事而能生出喜怒哀懼愛惡欲之感應，稱之為「情」；以心所追求之目標，稱之為「志」；以心所生發出之思維、思想，稱之為「意」；天上飛的，水裏游的及動物、植物等，皆受一氣而生，稱之為「一貫」；說大無所不包，稱之為「費」；說小無所不貫，稱之為「隱」；而貫通於有形象之萬物上，稱為為「顯」；而能通達於無形，稱之為「微」；最為真實而沒有妄想，稱之為「誠」；充塞佈滿宇宙乾坤，稱之為「大」；獨立而不偏不倚，稱之為「中」；因萬物之特性雖各有不同，仍能符於萬物之上，稱之為「和」；雖想看它卻見不到其蹤影，雖想聽它卻聞不出其聲音；然而誠心的感應又能悉數通達，若無求之，則不會回應，稱之為「神」；在陽期則生而欣欣向榮，在陰期則殺而枯萎凋零，萬物都依此而變化的，稱之為「道」，學道的人，於內心上有所提昇，有所收獲，稱之為「得」。

以大範圍來看宇宙之元、會、運、世之曆法，(一元十二會，一會三十運，一運十二世)周而復始；其次為地球上之春、夏、秋、冬四季之輪換；再其次為每個月的晦、朔、弦、望的回轉；以及每天之子、午、卯、酉十二時辰的輪流，甚至我們人類一呼一吸，全都是合乎周天的造化。像這些生滅盛衰之消長，是看得到的，也說得出來，若能進一步研究萬事萬物而窮盡其道理，並深入我內聖之修為及外王之行功立德，而達到明體達用，並引伸之萬類而效仿之，才稱之為賢人所應做之事完成。

然而此此猶如在氣數之命，及氣質之性，這是人心、識神所產生之所在，而不是本然之性，降衷之性，人生恬靜之性，純善之性，這也是道心，元神所產生之所在。

這個道及是天人合一共辦，顯著與微隱之中，可謂無有間隙，無有界限，所以《中庸·第二十九章》也提到：「所以君子治天下的道理，本身要有德業，善行，證驗合不合民心，百姓是否能信從，與夏、商、周三代之聖君明王所訂定的法制相比對，看是否有差錯不合理的地方，立於天地間，是否有違背天道之原則，對證於鬼神而無疑慮的，等到百世以後，聖人出來也不會感到離開道。」有如此德性之君子，方可達到為「天地立心」—以身教、言教來普傳「心」，如一燈傳遍無盡燈，天地之「心」才得以立。為「生民立命」—因為人在歷經輪迴之際，人性有時受無明遮蔽會沉落、會暗淡，故孟子說：「天下溺，援之以道」，能為生民立命者，實為自渡渡人，己達達人的良方。為「往聖繼絕學」—往聖的絕學，要傳承，要發展，要創新，如要能將傳之永恆，則要有「無上甚深微妙法，百千萬劫難遭遇；如今得聞見修持，願學如來真實義」的抱負。為「萬世開太平」—古今中外，多少聖賢無不在此方面做最大的努力，雖沒達成太平之世，但救國救民的史跡，卻史不絕書。

能夠知道「天」是我本性所自出之處，則三教同屬一天，萬物也同屬一天，天無第二個天，則道也無第二個道，故能此則三教歸一，萬法也能歸一，絕非虛妄之言的！所以說：「教不歸一時便非正教，法不歸一時即是邪法」，這就是造化天地，人類的大原則。因此聖人承繼上天樹立規範，而代天宣化時，則可制訂禮節來遵循之；作音樂來和悅之；訂刑法來驅害之；行獎賞來引善之，端正風來同化之；施學義來教化之；推行範來表率之。以這些來格除不好之心念，恢復本有之理性；窮盡神明之本能達到弘化之境地，盡用人之力量來符合上天之旨意。這些都是由愚蒙望能到達賢哲之境，再由賢哲望能到達聖人之境，又由聖人望能到達天界等之路徑也。故這條訓文本意，可以度儒家之學人。

讚曰：㈠儒門引渡以博學　理氣分清天性接
　天度鑿開氣一貫　天根月窟往來缺
㈡性心主變感七情　志意能專道義精
　飛潛動植稟一氣　顯微費隱通無形
㈢中和誠大付乾坤　有感悉通神意純
　萬物共由依道正　心有所緒謂得尊
㈣立心立命為天民　往聖絕學繼古今
　希聖希賢天道印　窮神達化天人醒

奇技淫巧，聖王所禁；故公輸①、墨翟之巧，不入聖賢之班。子貢②見老者抱甕灌涯，子貢教以桔槔③之法。老者曰：「吾聞有機事者，必有其心，則淳樸不完。」

現今外洋機器非不輕巧，省人無限之力；而不知人生也，勞則思，思則善，心生逸則淫、淫則惡念生。

最近江南④電報，數遭雷打，可見奇巧之事，犯天之忌。吾等學人，總以禮義為干櫓⑤。勤可補拙，儉可養廉，學可破愚，忠可教人，誠可通天，道可濟世；凡聖王所禁者，亦上天之禁。

樸素渾堅，順天乘時；自可化斯世為唐、虞⑥，登斯民於仁壽。故奇技淫巧，概不准學。

昔日蚩尤⑦能造迷天大霧，終為黃帝之戳。黃巾⑧能駕蓆靈，難逃三義⑨之擒。道可回天，邪不勝正，吾何畏彼哉？

註釋

①公輸：即公輸班，春秋．魯巧匠，俗稱魯班，班亦作般，或謂公輸班，後世土木工人奉為祖師，按《孟子．離婁》，朱註云：「公輸子名班，魯之巧人也，或以為魯昭公之子。」又按《朝野僉載》云：「魯班，時肅州．燉煌人，莫詳年代，巧侔造化，嘗作木鳶，乘之而飛；六國公輸班亦為木鳶，以窺宋城。」據此，魯班與公輸班當為兩人。

②子貢：以端木為性，賜為名，子貢則為其字，衛國人，少孔子三十一歲，為孔子弟子中經濟最雄厚者，由於善經商，連帶著口才奇佳，一本《論語》計二十篇，共四九八章，其中記載有關子貢的就有三十八章之多，他生性善揚人之美，尤善於推理，自負不凡，據說他初受業於孔子時，第一年自以為學識能力比孔子還強；第二年他覺得尚與孔子不相上下；到第三年方佩服自己實在不如恩師，至於對性理心法的體認，他更是自嘆差多，已察覺到師兄顏回達乎聞一知十，自己只不過僅聞一知二罷了。他由於長期的與老師相處，因此對老師的敬仰日復一日加深，「視師如父，敬之如神」，正是其內心之感受。於孔子去世後，一般弟子守喪三年，子貢共守喪六年方去。

③桔槔：井上汲水器也。汲水的器具，用繩子懸在橫木上，一端繫汲水桶，另一端繫重物，使其一上一下用以省力的。《莊子．天運》：「且子獨不見夫桔槔者乎，舍之則仰」。《莊子．天地》：「子貢南遊於楚，反於晉，過漢陰，見一丈人，方將為圃畦鑿隧而入井，抱甕而出灌，搰搰然用力甚多而見功寡，子貢曰：『有械於此，一日浸百畦，用力甚寡而見功多，夫子不欲乎？』，為圃者卬而視之曰：『奈何？』，曰：『鑿木為機，後重前輕，挈水若抽，數如泆湯，其名為槔。』為圃者忿然作色而笑曰：『吾聞之吾師，有機械者必有機事，有機事必有機心，機心存於胸中，則純白不備，純白不備，則神生不定，神生不定者，道之所不載也，吾非不知，羞而不為也。』」

這段之文譯為：子貢到南方的楚國去，回來晉國，經過漢水南面的地方，看見一個老丈人正在菜園種菜，打通一條隧道到井邊，抱著甕盛水而灌溉，用力很多而得到的功效很少，子貢看見了就說：「有抽水的機器，一天可以灌溉約百畝的菜園，用力很少而得到的功效卻很多，先生為什麼不用呢？」灌溉的老丈抬頭看了看子貢問說：「是怎麼用的呢？」子貢回答說：「鑿木的一端放機器，使它後面重前面輕，提水就像抽水，水就像滾沸的樣子很快的出來了，這種機器稱為槔。」灌園的老丈聽了，變臉色笑笑的說：「我聽我的老師說，用機器的必定有用機械的事務，有了用機械的事務，必定有機謀巧變的心思，胸中有機謀巧變的心思，就會破壞本然純白的天性，破壞了本然純靜潔白的天性，就會心神不定，心神不安定的人，離天機就遠了。我並不是不知道用機械，而是認為這樣做是羞恥的事，不肯去做呀！」

④江南：謂長江以南也。

⑤干櫓：《禮．儒行》：「禮義以為干櫓」。註：「干、櫓，小楯、大楯也。」即擋戰牌。學者以禮義為干櫓，所以禦患難，則人不敢侵侮。

⑥唐、虞：唐為唐堯治天下的年號，按《論語》述孔子贊堯之辭曰：「唯天為大，唯堯則之。」故後世相承以堯天為盛世之稱。虞為虞舜治天下之年號，乃除四凶、舉八元、八愷，天下大治。

四凶：堯時之四凶人也，《左傳．文十八年》：「流四凶族，渾敦、窮奇、檮杌、饕餮，投諸四裔，以禦螭魅。」按《名義考》渾敦即驩兜，窮奇即共工，檮杌即鯀，饕餮即三苗，皆為舜所流放。

八元：《左傳．文十八年》：「高辛氏有才子八人，伯奮、仲堪、叔憲、李仲、伯虎、仲熊、叔豹、季貍，忠、肅、共、懿、宜、慈、惠、和，等天下之民，謂之八元。」

八愷：《左傳文十八年》：「昔高陽氏有才子八人，蒼舒、隤敳、檮戭、大臨、尨降、庭堅、仲容、叔達，等為齊、聖、廣、淵、明、允、篤、誠，等天下之民，謂之八愷。」

⑦蚩尤：《史記．五帝紀》：「蚩尤作亂，黃帝徵師諸侯與蚩尤戰於涿鹿之野，遂禽殺蚩尤。」

《通鑑外紀》：「軒轅徵師與蚩尤戰於涿鹿之野，蚩尤為大霧，軍士昏迷，軒轅作指南車以示四方，遂禽蚩尤，戮於中翼，名其地曰絕轡之野。」按《書．呂刑》：「蚩尤惟始作亂，延及于平民。」疏「九黎之君，號曰蚩尤，舊說云然，不知出何書，如《史記》本紀之言，蚩尤是炎帝之末諸侯也。」應劭云：「蚩尤古天子。」鄭玄云：「蚩尤霸天下，黃帝所伐者。」

⑧黃巾：東漢．靈帝時，鉅鹿張角以妖術授徒，並遣弟子四出招攬，十餘年間有徒眾數十萬人，乃訛言：「蒼天已死，黃天當立。」遂蓄意作亂，中平初，其徒馬元義等謀起事，事泄，車裂於洛陽角乃馳勑諸力，一時俱起徒眾皆著黃巾為標識，時人謂之黃巾賊，亦名蛾賊，殺人祀天，燒掠府邑，旬日之間，天下震動，後為皇甫嵩、朱儁等所平。中外歷史大事年表記載：西元一八四年甲子，靈帝、中平，黃巾賊起，皇甫嵩、曹操等擊破之。

皇甫嵩：東漢、朝那人，字義真，少好詩書，習弓馬，舉孝廉，靈帝時，守北地，以破黃巾功，領冀州牧，封槐里侯，折節禮士，豪傑爭附。

⑨三義：桃園三結義之劉備、關公、張飛等是也。

語譯

奇異不實的技巧，是先聖王所禁止的，公輸班善於攻計，墨翟則善於守城，此二人均屬奇巧非正途，所以不列入聖賢之階，子貢看見一位老丈抱著甕盛水在灌溉，覺得太費力了，於是教他使用機器的補助來提水，但是老丈回答說：「我聽說有了機器使用於事務的人，必定有技謀奇巧的心思，那麼純樸本然之天性，就不能完整。」

現今有一些外來的洋機器，非常之輕巧實用，可以節省很多的人力，但是卻不知人的生活真正涵義，有勞動才會深入體悟真理，有了體悟則心生善念；若是心身過於閒逸，則容易產生淫念，淫念，淫念一產生而迷於酒色財氣之中，則惡念惡行叢生。

近來江南地區的電報，數度遭受雷打，由此可見一些奇異不實的技巧事務，總會觸犯上天的禁忌，所以我們這些學道的人，總是要以禮義為重，能勤勞可以彌補笨拙，能節儉可以培養廉潔，能學習可以破除愚癡，能盡忠可以教化人心，能誠心可以貫通上天，真道可以救濟世人，凡是聖王所禁止不為的，也是上天之禁忌。

學道的人若能修至樸素純真渾然堅定，順應天時，自然可以化現世為堯天舜日，也使百姓仁風普行，安居樂業而享天年，所以奇異不實的技巧，一概不准學習。

古代蚩尤雖精通法術，能製造迷天大霧，使敵兵迷失方向，最後仍被黃帝所擒殺；黃巾賊、張角雖能夠駕馭靈之術，但是也難逃劉備大軍桃園三結義的擒拿，正道是供人可以回歸理天，邪不勝正，一正可破千邪，我們修道人又何必畏懼那奇巧不實之徒呢？

讚曰：淫巧奇技禁施嘗　墨翟公輸不入班　吾等學人禮義贊　勤儉學道濟世張

唐虞斯世順天時　樸素渾堅百姓支　昔日蚩尤迷大霧　終為黃帝勢將除

第四十條 訓文

當知，吾道乃發前聖未發之秘，補前賢未補之蘊。不但會通三教，而理天實超三教之上。不但包含萬法，而無極實為萬法之祖。

道大莫容，曲高和寡；辦此道者，當存遯世不見而不悔①之志。果能入於其道，自然天下化成。

註釋

①遯世不見而不悔：此為《中庸》第十一章內的一句話「遯世不見知而不悔」，其義為：即使避開人世不被人知道，也一點不懊惱。

語譯

學道的人當要知道，祖師所傳的道乃是發掘前聖尚未發掘之奧秘；補足先賢尚未補足之蘊藏，不但已會通三教，而理天實際已超越三教之上，又不但能包含萬法，而無極實際已為所有萬法之先祖。

「道」談到大的特性，沒有一樣東西能容納進去，所以能和它相提並論者很少，就如高音階的曲子，能夠和音者就很少一樣，辦此道的人，應當存有即使避開人世而不被人知道，一點也不懊惱之心志，如果人人能夠融入道中而生活的話，自然天下得到德化而成太平的目標。

讚曰：道殊發榜前聖習　補足前賢蘊秘璣
不但會通三教立　包含萬法效真理

第四十一條 訓文

學人先讀《易經》、及《皇極經世》①；於天地之始終，物類之變化；胸有成竹，方不為異說旁門所惑。

註釋

①《皇極經世》：書名，凡十二卷，宋、邵雍撰，六卷以前以《易》六十四卦配元、會、運、世，起於帝堯至後周顯德，推其治亂之蹟；七卷至十卷為律呂聲音，是為內篇；十一卷、十二卷為觀物篇，即外篇也，其說借《易》以推衍，而實無關於《易》，故朱熹以為《易》外別傳，後鄭松續為之，自宋迄金亡，凡二百七十五年，於雍所紀三千二百十六年，頗有更定，書法尤謹。

語譯

學道的人，應先研究《易經》及《皇極經世書》二部數理之經書，所以在天地的開始至終結，及物類之變化，則胸有成竹的能瞭解其演變之狀況，才不致被一些旁門異說所困惑。

讚曰：學人先究易皇經　天地始終測歷明
　　　物類推演知變化　不為異說惑古今

第四十二條 訓文

學者必先將理天、氣天，講熟參透，方知理性、氣性之來由。天人一貫，洞會交連之的歸；成己成人，步步腳踏實地；方可作砥柱於中流①，迴狂瀾②於既倒。

註釋

①砥柱於中流：砥柱、山名，砥柱山屹立於黃河中流，世因謂人獨立不撓者曰「中流砥柱」。丁鶴年《自詠詩》：「長淮橫潰禍非輕，坐見中流砥柱傾」。

砥柱：山名，即底柱也，《水經》河水註「砥柱，山名也，昔禹治洪水，山陵當水者鑿之，故破山以通河，河水分流包山而過，山見水中若柱然，故曰砥柱也」。

②狂瀾：狂、勢猛，文天祥詩：「棒土障瀾狂」，瀾，大波。狂瀾，氣勢洶湧猛裂。

語譯

學道的人，必先將理天、氣天的道理研究清楚，參悟透徹之後，才知道理性、氣性之由來，此即天人一貫，而洞悉會通相互連接關係而確實的歸途，為成己成人，須步步腳踏實地，如此才可作為不屈於任何艱難而獨立在潮流之中，以及能挽迴一些受狂瀾磨煉而將屈服的人。

讚曰：學者理氣必參習　方解來由心性棲
一貫天人交連記　成人成己世間及

第四十三條 訓文

學者必將九重天之三卦①：知「乾」之純陽，則知恒星之行健，而氣盈②有其根矣。知「離」之中含一陰，則知日輪之次健。知「坎」卦之二陰一陽，則知月行最遲。

行健者，一日繞地一週，而過一度，歷三百六十五日又四分之一日，復還於初起之度，謂一歲。

次健者，一日繞地一週，而不及恒星一度；歷三百六十五日又四分之一日，復會於初起之度謂一歲，此氣盈之所自出也。

行遲者，每日不及恒星十三度，十九分度之七；不及日輪天十二度，又十九分度之七，故月輪天廿七日半，與天會。廿九日半，與日會謂之一月，此朔虛③之所自出也。此三卦之分。

蓋為天雖一氣流行，因高者輕清而行速；下者重濁而行遲，至地之坤，則不行矣。

九重天與地之四正卦④，分作十二爻者，千古曆法，未發之秘。十二爻則十二重天，而歲不差在其中矣。「曆法」一學門中之事，學者不可不知。

註釋

①九重天之三卦：

第一重—月輪天，此水精天也，一日不及日輪天十二度十九分度之七，二十九日半與日復會。

第二重—水星天，此辰星天也，其行輔日前後，與金星略同。

第三重—金星天，此太白天也，其行與日度略同，而有伏留順逆之不齊，先日而出，謂之啟明，後日而現，謂之長庚。

第四重—日輪天，此火精天也，其行一日不及恆星天一度，一日移一宮，歷三百六十五日又四分日之一，與恆星天復會於初起之度，謂之一歲。

第五重—火星天，此熒惑天也，其行二日不及恆星天一度，二月移一宮，二年一周天。

第六重—木星天，此歲星天也，其行十二日不及恆星天一度，十二月移一宮，十二年一周天。

第七重—土星天，此鎮星天也，其行二十八日不及恆星天一度，二十八月移一宮，二十八年一周天。

第八重—恆星天，每繞地（自轉）一周，而過一度，歷三百六十五日，又四分日之一日，復還於初起之度，謂一歲，此天行之所以健也。

第九重—宗動天之行度不可見。

宗動天、恆星天、土星天等為乾卦之純陽，三陽陽剛故行健矣。

木星天為離卦之初，火星天為離卦之中，日輪天為離卦之成，木火一家合而成離卦，中含一陰故次健於天。

金星天為坎卦之始，水星天為坎卦之中，月輪天為為坎卦之成，坎卦一陽陷二陰之中，故行遲。

②氣盈：地球繞太陽公轉，周期為三百六十五日又四分日之一，超出周天三百六十日之餘數，古代稱為氣盈。

③朔虛：月亮公轉周期累績十二個月為三百五十四日，不足周天六日，古代稱為朔虛。

④四正卦：即四正位之卦，為東震卦、西兑卦、南離卦、北坎卦等之四卦也。

語譯

學道的人，必先將九重天劃分為三個卦研究清楚，始能知「乾」卦是包含宗動天、恆星天、土星天等之純陽後，則知恆星之運行最為速健，而氣盈之產生，即有其根源可尋了；也能知「離」卦包含木星天、火星天、日輪天等，而離卦中含有一陰，則知日輪(地球)之運行，較恆星慢一點，故為次健；亦能知「坎」卦包含金星天、水星天、月輪天等，而坎卦為一陽陷於二陰之中，則知月輪(月球)之運行最慢，故曰行遲。

其運行最速健者的恆星，一日自轉一周，而於公轉之運行差距為一度，而歷經三百六十五日又四分之一日，復還於初起之度，為之一歲，而次健的日輪(地球)，一日自轉一周，其於公轉上之運行差距，少恆星之一度差一點，歷經三百六十五日又四分之一日後，即復會於開始之起點，謂之一年，古代所稱的氣盈可由此計算出來。運行最慢的月輪(月球)，每日之運行度數與恆星比較時，相差十三度又十九分之七度，而與地球比較時，相差十二度又十九分之七度，所以月球之運行歷經二十七日半，與恆星相會於起初之點；另歷經二十九日半，與地球相會於起初之點，謂之一月，則古代所稱之朔虛，即由此可計算出來，這些就是九重天劃分為三卦的情形。

整個宇宙雖然都是一氣在流行，但因處在高的是輕清，故而運行快速，處在下的是重濁，故而運行遲緩，至到地上之坤卦時，則運行停止了。

九重天與地上之四正卦，離、坎、震、兌之相互關係，每卦三爻共十二爻，乃是千古來的計算宇宙之曆法，也是未被發揚之奧秘，十二爻則是分屬十二重天，而年歲月日之消長，於此中之演變，均絲毫不差，故「曆法」這一門學問之事情，學道的人不可不知道的。

讚曰：九重三卦探求知　行健恆星乾卦植
次健日輪離卦置　月輪坎卦則行遲
恆星一日繞一周　稍慢日輪氣盈籌
最鈍月球朔虛撮　學門曆法就當熟

第四十四條　訓文

靈光①一點，為三教之宗。只恐下乘之人，見地不到；學者必先將真寶②、假寶③、半真半假之寶④，及真體⑤、假體⑥，半真半假之體⑦；無極天路⑧、太極天路⑨、地獄路⑩；常而不變之身⑪，變而有常之身⑫；及「南無觀世音菩薩」⑬，及「明德」⑭、「理性」⑮講清，而學人自不疑惑矣！再講明：有事戒淫念之伏虎，無事戒雜念之降龍；三華自聚⑯，五氣自朝⑰之妙，講明行真，則人人盡成活佛矣！

註釋

①靈光：即靈性之光芒。

②真寶：得道時之手印憑據，所謂道真、理真、天命真，故真道、真理也需遇有真明師之指點，始能歸根覆命，返樸歸真，故由真明師所傳承之手印憑據，稱為真寶。

③假寶：旁門左道所傳承的邪術，雖能呼風喚雨，散豆成兵，但終非正道，不能回歸本位，有的甚至以自身來煉精化氣，煉氣化神，煉神還虛等肉體的修煉，但

必竟它是來自氣天，人一口氣不來，就不能存活，一切即化為烏有，這些都稱之為假寶。

④半真半假之寶：道統之傳承乃為前聖之嫡傳，所談述勸化之道理，也是先聖先賢所遺留之經典，但是若沒有先天　老中之欽命，故其所傳化的信徒仍無法歸真，無法達到究竟的，這種道真、理真，而天命不真的修為，即稱為半真半假之寶。

⑤真體：指金剛不壞之體，入水不溺，入火不焚之自性真我，為每一個人本自具足，本自清靜，不生不滅，不垢不淨，能生萬法，具足五常之德的自性佛，故稱之為真體。

⑥假體：指父精母血生我之肉體，因其壽命僅區區數十年之四大假合，轉眼間即化為土、水、火、風於無形，世稱為臭皮囊，故謂假體。

⑦半真半假之體：指真我中含有有假我，人為真體、假體二者合成之體，人體中雖有真我，但因受物慾之蒙蔽，未經過明師一指點，真而不知其真，流浪生死，不知借假修真，反而貪圖享受，造惡業，以假為真，故人一念上天堂，一念下地獄，中士聞道，若存若亡，故人身稱為半真半假之體。

⑧無極天路：指走向無極理天之路，因無極理天是我們人的故鄉「本居地」。

⑨太極天路：指走向太極氣天之路，因太極氣天是我們人的家鄉「寄留地」。

⑩地獄路：指走向地獄之路，因地獄是我們人的監獄（派出所），也是罪人的歸宿。

⑪常而不變之身：是指自性佛，人雖在六道輪迴當中，流浪生死，但是唯有這一點的靈光是常而不變的。

⑫變而有常之身：是指肉體在生死輪迴當中，無論是東家男或西家女，於六道輪迴時，無一次不是要生、老、病、死的，但其變化都是一定的，有跡可尋的，故謂之變而有常之身。

⑬南無觀世音菩薩：「南」者乃是先天之乾位，乾為天，天則大無不包；又是後天的離位，離為日，日則明無不照。
「無」則無微不入，無在無所不在。
「觀世音」乃以正法眼藏，觀照形形色色的世界，大慈大悲，救苦救難，廣大靈感，聞聲救苦。
「菩薩」乃指成佛之覺者。
全句之含義，就是教我們要效法觀世音菩薩的慈悲，觀世間之人間疾苦，而能拔苦予樂。

⑭明德：是指德之體本明，惟其明也，故稱德；明德雖人人本有，然拘於氣稟，蔽於物慾，大都有而不知其有，非學無以明德之所在，此為明白其明德也。

⑮理性：性有天理之性，氣稟之性，氣質之性。理性來自理天，無極之真也，未有天地先有此理，聖人以五常之理為道，方可窮理盡性以至於命。

⑯三華：指元精、元神、元氣是也。

煉精化氣—精自聚不思淫則修身。

煉氣化神—氣自聚不思食則修心。

煉神還虛—神自聚不思眠則修性。

⑰五氣：指心、肝、脾、肺、腎是也。

心藏神，後天為識神，先天為禮，修行體禮則火自朝元。

肝藏魂，後天為遊魂，先天為仁，修行體仁則木自朝元。

脾藏意，後天為妄意，先天為信，修行體信則土自朝元。

肺藏魄，後天為鬼魄，先天為義，修行體義則金自朝元。

腎藏精，後天為濁精，先天為智，修行體智則水自朝元。

語譯

我們每一個人的靈性都有機緣得明師一指點，而能大放光明，現其本來，此為三教之根本源頭，如儒之執中貫一，道之抱元守一，釋之萬法歸一，而此一即是指靈光這一點，只是恐怕下乘低智識的人，見解還不能到達，無法體悟到這一點，故學道的人，必須先將真實、假實、半真半假之實，等認識清楚，來追尋真明師，而依真理來修持；及將真體、假體、半真半假之體等認識清楚，始能借假修真，而達返本還原之境；及將無極天路、太極天路、地獄路等認識清楚，可確定我們的目標，要回歸我們的故鄉，世間只是我們暫時的居留地，而地獄路更非我們要走的方向；及常而不變之身，變而有常之身等認識清楚，可重視我自性佛，使靈光永駐，並瞭解人於六道輪迴中，都必經生、老、病、死等之四苦；及「南無觀世音菩薩」、「明德」、「理性」等認識清楚，可推己及人，而救世度人，如此在學道過程中，自不會產生疑惑了。

然後再深入研究明白後，於有事的時候要戒除淫邪之念，此稱之為伏虎；而在無事的時候要戒除雜妄之念，此稱之為降龍，然後又依據三華自聚來修身、修心、修性及五氣自朝來修行仁、義、禮、智、信，而達五行朝元等之奧妙，明白了此理再加以力行不怠，則人人盡可成活佛了。

讚曰：靈光一點三教宗　學道先將寶體從
　　　理性明德知自性　南無觀音菩薩崇

第四十五條 訓文

辨道各習一業，卜①、筮②、醫③及地理④、陽宅⑤，皆可營身糊口，方能久住他鄉。路遙識馬力，日久見人心，久而自明。

若無一點生業，只靠幾兩盤費，如何辦得過？故開道必須事有營身之計，方可有成。

註釋

①卜：所謂卜包括占卜、選吉、測局等三種，其目的在於預測及處理事情，其中占卜的種類又可分為斷易（文王卦），及六壬神課。

占卜—包括斷易及六壬神課，斷易是以占得之六十四卦配合日辰及月建來斷占卜事物吉凶的一種方術。六壬神課是以占卜時間的十二支，占卜月的季節，占卜日的干支及其衍生之「虛星」，來斷某種事物成敗吉凶的一種方術。

選吉—一般可用奇門遁甲，是以十天干及十二地支構成占數，以方位為主，來預測事物成敗吉凶之一種方式。

測局：一般可以太乙神數為之，來預測團體所為之事物吉凶成敗。

總之「卜」是一種藉「事情發生的時間」、「占卜的時間」，以及事情發生地點的「方位」，來推算事物的演變，及判斷處置方式的一種學問。

②筮：以蓍草占卦，所以知吉凶也，《書．洪範》：「擇建立卜筮人，乃命卜筮。」

③醫：利用方劑、鍼灸、靈治等三種方法，以達保持建康，治療疾病的一種學問。

方劑—利用各種藥物來治療疾病的一種方術。

鍼灸—利用人的脈絡、氣血循環的原理，以鍼和灸來治病一種方術。

靈治—利用掌握人的心靈，進而以治療人疾病的一種方術。

④地理：即風水學，是以十天干，十二地支及《易學》之理論，來推算墓向及位置之吉凶。

⑤陽宅：是活人住的屋子，以十天干及十二地支之理論，來推算房屋之吉凶。

語譯

為要從事於辦道度人之工作，則必須學習一些行業，如占卜、筮卦、行醫、看風水，及看房屋之吉凶，等等皆可以養身糊口，如此始能在他鄉做長期性的弘道工作。

俗語有句話說：「路遙知馬力，日久見人心。」其意說：沒有行經萬里路之後，怎能辨識日行千里的好馬；人心也要經過相處考驗之後，久之才會見識到善人、惡人的分別，這即所謂日子久了自會明白的道理。

所以傳道也是一樣，若沒有學得一技之長，只單靠幾兩銀子的生活費用，道如何能辦得長久呢？所以開荒辦道必須先有營身的計畫，才可以達到成功的目標。

讚曰：開荒辦道落他鄉　糊口本能必自強
只靠盤資難久立　營身開道兩周詳

第四十六條 訓文

大丈夫，能屈能伸；真學問，無地不可。傳說①舉於版築之間，膠鬲②行於魚鹽之中。子胥③乞食，太公④賣卜；俱成將相之業，學人其各勉之。

註釋

①傳說：殷高宗賢相，初隱於傅巖，傅巖有澗水壞道，說故為胥靡版築以供食，高宗夢說，求得之，與語，果賢；乃作《說命》三篇，號曰傅說，舉以為相，國大治。

傅巖—古地名，殷相傅說隱居處，在今山西省平陸縣東，亦稱傅險，今名隱賢社，地有聖人窟，相傳即說版築處，《書・說命》：「說築傅巖之野。」《史記・殷本紀》：「武丁得說於傅險中」。

澗水—山夾水也。水名，源出河南省澠池縣東北白石山，南流合穀水，東流經新安縣，至洛陽縣西南入洛水。

胥靡—《漢書・楚元王傳》：「楚王・戊淫暴，申公、白生二人諫不聽，胥靡之。」註：「晉灼曰：胥、相也，靡、隨也。師古曰：聯繫使相隨而服役之，故謂之胥靡，猶今之役囚徒以鎖聯綴耳。」又《莊子．庚桑楚》：「胥靡登高而不懼」。

②膠鬲：殷時人，初隱於商，周文王舉以為臣，是從魚鹽商販中被舉用的。

③子胥：即伍子胥，春秋楚人，名員，父奢，兄尚為平王所殺，子胥奔吳，逃亡至陵水，無以糊其口，乞食於吳市，仕行人，佐吳王，闔廬伐楚，五戰而入楚都郢；時平王已卒，子胥掘墓鞭屍，以報父兄之仇，闔廬伐越，傷指卒，子夫差立，伐越大破之，越王勾踐請和，夫差許之，子胥諫不聽，其後屢請謀越亦不納。太宰嚭得越賄，纔之夫差賜子胥屬鏤之劍曰：「子以此死」，子胥謂其舍人曰：「抉吾眼懸諸吳東門，以觀越人之入滅吳也。」乃自刎而死，後九年，越果滅吳。

④太公：即呂尚，周、東海人，本姓姜氏，初末得志時，曾為人占卜以維生，年老隱於釣，文王出獵，遇於渭水之陽，與語，大悅曰：「吾太公望子久矣」，因號太公望，載與俱歸，立為師，為文王四友之一，武王尊為師、尚父，武王滅紂有天下，尚謀居多，封於齊、營丘，得專征伐為大國，世傳其兵書有《六韜》六卷。

語譯

是一個有志向的大丈夫，就要能屈能伸的，不畏懼逆境的考驗，只要有真才實學的人，在那個地方發展都可以，不怕不成。就如傅說當初就在於傅巖的地方，以築牆的小工來謀生，後來被推舉為殷高宗的賢相之高位；又如膠鬲是殷時的賢人，當初即隱於販賣魚鹽之市場，被周文王發掘，並推薦給紂王為臣；及伍子胥他曾經逃亡到陵水無以糊口，而在吳市乞食度日，後被舉薦為吳王夫差之名相；而姜太公前在未得志時，曾為人占卜算命維生，後被周文王聘為國師，以上四位賢人出身都是在不好的環境，但最後都成了將相的基業，故學道的人當各自勉之。

讚曰：能屈能伸大丈夫　不為身低意志除
傅說膠鬲居賤處　後成將相古人輔

第四十七條 訓文

實。

學者知此事，乃了三聖未了之願，成諸佛未成之功。不比開荒之有名無

一人真則人人真，繼往聖，開來學；會群聖之大成，闢鴻濛之生面；挽唐虞①之盛世，登仁壽之直途。

功蓋宇宙，名垂異域；光前裕後，香煙萬代；道成天上，名留人間，在此一舉。

註釋

①唐、虞：指唐堯、虞舜二位古先帝。

唐堯—古唐帝，帝嚳次子，生於伊，嗣徙者，故亦稱伊耆氏，初封陶，後徙唐，故又稱為陶唐氏，其號曰堯，史稱唐堯，繼其兄摯為天下，有德政，民與《康衢》、《擊壤》之歌，以子丹朱不肖，乃舉舜於畎畝之中，使之攝政，後即傳位於舜，在位九十八年。

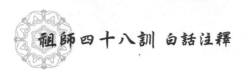

虞舜—古虞帝，姓姚，初居畎畝之中，能曲盡孝道，所居民多隨之，唐堯舉使攝政，乃除四凶、舉八元、八愷，天下大治，攝政三十年，受禪即帝位，有天下之號曰有虞氏，其號曰舜，史稱虞舜，又稱重華，後南巡，崩於蒼梧之野，在帝位十八年，以子商均不肖，傳位於禹。故後世稱讚太平盛世為堯天舜日。

語譯

當前學道的人，要知道「辦道」這件大事，乃事了三教聖人未了之宏願，及要成就諸天仙佛尚未完成之功業，而不像如前開荒時期之有名無實。

只要是領導者所傳的是真道，那麼他所傳承的人，得的都是真天命的金線大道，是繼承以往聖人之志向，開創後世修行者之修道場所，會集諸多聖賢成功之修道經驗；從鴻濛之中開闢一片生機；挽回前唐堯、虞舜時代的大同盛世，讓每個修道人都能歸根，返本還原，而登上仁壽理域之直接途徑。

共同建立全宇宙中的最大功果，名望留給異鄉流傳；光耀祖先父母，德澤後世子孫，就如先聖仙佛一般享受萬代香煙；如此道成天上，名留人間之機緣功業，就在這一舉動的作為。

讚曰：祖師重任成世人　繼聖開來依此真
功蓋世間千代證　道成天上供人稱

此「道」乃開天、收天之大事，原始、返終之鉅典。成聖、成賢、成仙、成佛之真業。

故自五百年前，上天定就腳冊；二百年前，捎書傳信；四十年開荒下種。

捎書傳信之世，只留經卷，教人敲打唱唸，紙上尋道，而不傳道。開荒下種，傳道而不傳真道。數十年來，使辦道之士，奔走天涯；傾家者、不知凡幾？廢命者、不知凡幾，徒流①者、不知凡幾。

遭毀受謗，吃齋熬口；捨恩割愛，不知流了多少眼淚？不知發了許多嗟嘆！盼明不明，已成不成，想收不收。

九轉金丹，分明說的好聽，只是男子斬白虎，而白虎愈見狂猖；女子降赤龍，而赤龍仍然妖嬌；男不婚，女不嫁，功不成，名不就。前不歸村，後不歸店。

學者見坎離功夫不成；各自鑽研，海底撈月，敲竹喚鱉，鼓琴引鳳，三十時辰，定黑鉛，愈行愈錯。

又兼此處飛鸞，彼處通慧；這裡收圓，那裡赴會。哐哄哄大地男女，腳不粘地，此祖彼祖，到頭來盡成畫餅。

當今之世，旁門小道，異端邪說；較之楊朱、墨翟，為害尤深。此正修行人，行到「山窮水盡疑無路，柳暗花明又一村。」吾今將三聖心法，直指真傳，與《中庸》之「率性」，《大學》之「明德」，《金剛經》之「一合理相」，《心印經》之「三品一理」。《繫辭傳》②之「窮理盡性以至於命」，下手之法，徹底澄清；能使見者成佛，得者成仙，修者成聖。

格物窮理，如庖丁之解牛③；辨是與非，若伯樂之相馬④。

人心、道心、辨得明，為修真下手之初程。

理天、氣天、見得到，為成功了手之究竟。

一貫真傳，有賢關、聖域之分；盡人合天，有理天、氣天之別。

不易、變易、交易、徹羲皇未畫之前。

無極、太極、皇極，推盤古未出之始。

呼奇吸偶通復姤，河洛不須龜龍？魂陽魄陰分老少，卦爻何勞蓍策？

親親殺殺賢賢，制禮不自周公。一為律二為呂，作樂何必伶倫⑤？禁未然、施已然，《禮經》⑥乃律法之體。已定經、未定史，十三為世之一源。

可則因，否則革，多損少益。賢守經，聖達權，創變守常。理無為，氣善惡，象則造作。理不易，氣變易，象則交易。理生氣，氣生象，子會開天。象還氣，氣還理，午會傳道。皇降帝、帝降王、王降伯、一本萬殊。伯變王、王變帝、帝變皇、萬殊一本。

見得到、說得出、做得成，即是聖賢。看得破、解得脫、悟得徹，便成仙佛。

導斷港、引絕河、同歸道海、功同神禹⑦。掃異端、闢旁門、共造理天，業超亞聖⑧。此收圓了意之大法也，哈哈笑、笑哈哈、四大部洲⑨共一家。而四十八條完矣。

註釋

①徒流：辦道犯禁，愛徒刑者。

②《繫辭傳》：是《易》整體概論，使《易》不僅止於占卜，更提昇成為高度之哲學，在我國哲學史上，是一篇極重要之論文，《繫辭》本來是指文王、周公，繫在卦、爻後面之卦辭，爻辭，但在此處則指孔子繫在整部《易經》後面之解說，也稱作《大傳》。篇內講道最為具體，從道之體用談到生生不已，富有，日新之大義，莫不具備，論「陰陽」，認定是一切變化之樞機；論「數」，便說數可以贊助天地之化育；論「象」，說象在卦爻之中，捨卦爻不足以言象。對於先聖作《易》之宗旨，作《易》之時代，作者之身世，皆有論述，故《繫辭傳》對於經義，《易》道之詮釋，尤為精至。

③庖丁之解牛：《莊子．養生主》：「庖丁為文惠君解牛」，成玄英疏：「庖子謂掌廚丁役之人，今之供膳是也，亦言丁，名也，」文惠君．梁惠王，解—剖解、宰割。

「有一個廚夫替文惠君宰牛，用手抓住的，用肩抗著的，用腳踏著的，用膝蓋抵著的，皮骨相離，發出砉然的響聲，把刀割進去，發著騞然聲音，沒有不合乎音節，像是〈桑林〉（湯樂名，或說宋舞樂名）的舞曲，又像是〈經首〉（咸池樂章，即堯樂）的節奏，文惠君說：『好呀！技巧何以竟高明到這地步呢？』廚夫放下刀回答說：『我所愛好的是事物間的理，已超過技巧的階段了，開始我剖解牛的時候（未能明瞭牛解剖的結構，看不出骨節間的空隙，可以下刀的地方，因此）只看到一個囫圇的整牛，三年以後，就未曾看過囫圇的牛了。到了現在，我是用心神去和牛體接觸，而不是用眼睛去看，感官的作用停止，全靠心神活動，按著牛體天然的組織結構，劈那筋骨的間隙，把刀子引向骨節間空的地方，利用牛體原有的空隙之處，經絡相連著骨肉和筋骨槃結的地方，都沒有碰它一下，何況大骨頭呢？手段高明的廚夫，每年得換一把刀，因為他用刀割肉；一般的廚師，每月得換一把刀，因為他用刀劈骨頭；現在我的這把刀，用了十九年了，所解剖的牛，也有幾千頭了，可是刀口還像新從磨刀石上磨出一般，牛的骨節間是有空隙的，而刀口是沒有厚度的，用沒厚度的刀刃，插入骨節間的空隙去，自然寬綽地有活動運轉的餘地，所以這把刀用了十九年，刀口還像新從磨山石上磨出一般，雖然這樣，每當碰到筋骨交錯聚結的地方，我也知道難辨，就特別小心謹慎，視力集中在一點，慢慢的動手，稍一動刀，牛的肢體就分裂開來，像土塊堆積在地上一樣，這時我提刀站立，四面張望，心滿意足，把刀擦乾淨收藏起來。』文惠君說：『好啊！我聽了廚夫這一番話，得到了養生的道理了。』」

④伯樂之相馬：伯樂為古之善相馬者。《韓詩外傳》：「使驥不得伯樂，安得千里之足」。按即孫陽。春秋、秦穆公時人，嘗過虞坂有騏驥伏鹽車下，見伯樂而長鳴，伯樂下車泣之，驥乃俯而噴，仰而鳴，聲聞於天。秦穆公使九方皐求馬，三月而返，穆公曰：「何馬也？」對曰：「牝而黃」，使人往取之，牡而驪，穆公不悅，伯樂喟然太息曰：「若皐之所觀，天機也，得其精，而忘其麤，在其內，見其所見，不見其所不見；視其所視，而遺其所不視，若皐之相馬，乃有貴乎馬者也。」馬至，果天下之馬也。

按此言，相馬不重於外表形跡也，今人用此句比喻，只注重內在的精神，而不注重外觀的形色。

⑤伶倫：黃帝時樂師，《呂氏春秋古樂》：「昔黃帝命令伶倫作律」。

⑥《禮經》：即今《儀禮》，《漢書．藝文志》所云：「《禮》古經五十六卷，經七十篇，即謂《儀禮》，」皮錫瑞《三禮通論》：「漢所謂《禮》即《儀禮》，而漢不名《儀禮》，專主經言，則曰《禮經》，合記而

言，則曰《禮記》，許慎、盧植所稱《禮記》，皆即《儀禮》與篇中之記，非今四十九篇之《禮記》也，後《禮記》之名為四十篇之記所奪，乃別稱十七篇之《禮經》曰《儀禮》」。

⑦神禹：夏代開國之王，顓頊孫，姓姒氏，其號禹，亦曰文命；初封夏伯故亦曰伯禹，堯時，其父鯀治水無功，為舜所殛，禹繼父之業，水患以平，諸方致貢，尋受舜禪為天子，即以初封之地夏為有天下之號，史稱夏禹，又稱夏后氏，都安邑，後南巡，崩於會稽，在位八年。

⑧亞聖：即孟子也。戰國鄒人，名軻字子輿（此據《史記》、《孟荀列傳》正義）受業子思之門，與萬章之徒，序《詩》《書》，述仲尼之意，作《孟子》七篇，後世尊為亞聖，謂為孔子之亞也。

⑨四大部州：佛典謂須彌山四方鹹海中，有大洲四，曰四大部洲。

一、東勝身洲（舊云東弗婆提或東弗于逮）以其身形殊勝也，地形如半月。

二、南贍部洲（舊云南閻浮提）贍部，樹名，洲以樹得名，地形如車箱。

三、西牛貨洲（舊云西瞿陀尼）以牛貿易，故名，地形如滿月。

四、北拘盧洲（舊名北鬱單越）拘盧，義譯為勝處，以其地勝他洲故也，地形正方，猶如池沼。

語譯

此時所傳承的道，乃是開天闢地及收束天地的最大事物，也是原始據於救人，至功成果滿的終返理域之鉅大典作，更是成就聖人、賢人，及成仙、成佛的真實大業。

所以自從五百年前，上天就已制訂了腳本要作這些大事；而在二百年前，即鴻書傳信各界領域，開始來推展道場；四十年來的開荒下種渡化有緣人。

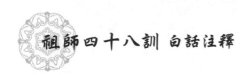

於二百年前鴻書傳信的年代裡，只留下經書，教人誦經而敲鼓雷鐘，於經書上尋找道原而不傳道，於四十年來的開荒下種期間，雖是有傳道而不傳真道。所以數十年來，使一些辦道人員，為渡化眾生而奔走天涯海角，把所有家產都奉獻為道者，已不知有多少人？甚至為道捐軀死而後已者，也不知有多少人？於辦道期間受官考犯禁者，也不知有多少人？

於傳辦道時遭受毀譽，受到謗議，連吃齋也被侮辱到無法吞食的痛苦煎熬，得忍受捨去恩親，割除愛子的痛苦，而不知流了多少的眼淚？也不知發了多少的感嘆！盼望眾生能夠光明其本性，而又無法光明，已快成就眾生之德性，卻又無法成就，想收渡迷妄之眾生，有無法如願收渡。

可見在當時所傳承的「九轉金丹」，分明是說的好聽而已，並無實際的效果，如在男人方面，要求斬白虎的功夫修為，然而白虎卻愈見猖狂，惡行遍佈；而在女人方面，要求降赤龍的功夫修為，然而赤龍卻仍舊妖嬌，背道橫行，結果弄得男不婚、女不嫁，修道功果不成，世間名位也不就，而形成了兩樣落空，一事無成。

有些學道的人，眼見著抽坎鎮離修練的功夫，無法成功也就各自埋頭鑽研其他法門，如此，即好似在海底撈月的不實，敲竹喚龜的不成，鼓琴引鳳的不切，及三十時辰定黑鉛的不真等一樣，愈行愈錯之背道而馳矣。

另外還有一些傳道人，不是在這個地方飛鸞作乩，就是在那個地方大開通慧天神，或是在這裡傳承收圓大道，或是在那裡赴法會盛事，像這些都在哄騙善男信女的假象，就如腳不粘地的不切實際，雖被稱為這個祖師，那個祖師的尊位，到頭來全是畫餅充飢一樣，無法得到正果。

於當時的道場，所掘起的旁門小道，所宣傳的異端邪說，還較之前楊朱、墨翟他們的為害還更深呢。

由於以上這些緣故，此時正是有心來修道的人，碰到了「山窮水盡疑無路」之困境，還好仍有「柳暗花明又一村」之前景，因為王祖師也於此時將三教聖人之心法，來直指真傳，並且與《中庸》裡的「率性」、《大學》中的「明德」、《金剛經》內的「一合理相」、《心印經》藏的「三品一理」，及《繫辭傳》記的「窮理盡性以至於命」，等著手修持的方法，徹底來講述清楚，其能使有緣見道的人，有機會成佛，有緣得道的人，有機會成仙，甚至能修持到功圓果滿的人，可以成聖。

格除物慾，先格名利，昏性之物以制於外；再格淫念、雜念等亂性之物，以安其內，若待物慾格盡，而後方能窮其真理，就如梁惠王之廚師庖丁，於殺牛解剖時，能夠辨別肉與骨之真實部位；又如周人伯樂，善於鑑別馬的優劣品種，既萬理具足就無適而不當。

人心、道心，若能辨別得清楚，則為修持真道下手之開端；理天、氣天，若能體悟得究竟，則為功成果滿了手之目標。

一貫大道性理真傳，有賢關與聖域的分別；盡人性中之能事，合乎上天之旨意，則有理天與氣天之區別；盡人者由象悟氣，由氣悟理；合天者人人各具之理，還於萬物統體之理，雖有理天、氣天分別，但是人慾淨盡，則天理流行，即超氣天而達理天之究竟也。

不易者是理也，為河圖之所自來；變易者是氣也，為序疇之所自來；交易者是象也，為畫卦之所自來，能悟此三易即可徹見伏羲皇帝畫卦之原由，無極為先天，太極為中天，皇極為後天，合曰三極大道，三極皆一也，故能推解此一，即可推究盤古開天之始因。

呼奇吸偶通復姤，河洛不須龜龍：呼奇吸偶成九六，合計奇數一三五為九，合計偶數二四為六。六為坤為陰，九為乾為陽，也即成陰陽，奇順偶逆成一二，一為乾，二為坤，也即成乾坤；一氣可通復姤，復是冬至地雷復，一陽生，姤是夏至天風姤，一陰生，而河圖洛書為一順一逆，河圖順行相生，如一本散萬殊，由體入用；洛書逆行相剋，如萬殊歸一本，攝用歸一本，神本一致，氣有萬殊，而大綱有五，曰：金、木、水、火、土，金純主「義」，故神龜為卦，而預告吉凶；木純則「仁」，故麟不傷身，為聖人之祥；水純主智，故神龍變化，而兩在莫測；火純則文明有「禮」，此龜龍皆出河圖洛書，故若能知河洛，則不須龜龍來引之。

魂陽魄陰分老少，卦爻何須蓍策：魂陽為光處，為長畫之奇爻；魄陰為暗處，為斷畫之偶爻，　陽儀中含元八亨七，為春夏之二少（少陽、少陰），陰儀中含利九貞六，為秋冬之二老（老陽、老陰），陽儀一百八十二日有奇，其中又分九十日有奇為春，九十日有奇為夏，春即河圖之八，少陰之數也；夏即河圖之七，少陽之數也。春之數在河圖為三八，內為少陽，外為少陰。在洛書則春當在三之位，純為少陽；夏當載九之位，純為老陽；夏至之後，當二之位，是為少陰；冬至之前，當六之位，是為老陰。此陰陽互根之義也，而四象分矣，占卜象數，象數不離陰陽，卦爻已定，故何必再勞用蓍策？

親近親人有直系親屬與旁系親屬輕重之別；屏斥壞人也有上惡與小惡之等；尊敬賢能也有高低之分，此為自古以來即重視之常理，而並非自周公制禮之後，始推動重視的。一為陽是律音，二為陰是呂音，三分損益乃五音六律之源，而五音之數，悉本於冬至一陽之奇，五音之氣本於天，故用一為本，六神之氣本於地，故兼用地數之二，伶倫圖之而作樂，一二倡和成音律，河圖洛書言氣，現空中之實象，而伶倫也只是依空中實象而作樂，故有才能者均可作樂，而不一定伶倫始可為之。

為防止心物於隱微，及意惡於動機，可施行禮樂以淡之，因禮者理也，克己復禮，孔子不曰，復天理之「理」；而言，復禮樂之「禮」者，為懼怕後世之遺脫倫常，棄人求天也，以禮樂之「禮」代天理之「理」，使後之學人，得其精者，則盡性至命，大之可為聖人；得其粗者，則孝悌忠信；次亦無愧名教，所以說《禮經》乃是律法之本體。

《禮經》《禮儀》之規範，雖已制定完備，然而《史記》、《史確論》則尚未訂定供使用時，即先以十三史（《史記》、《漢書》、《後漢書》、《三國志》、《晉書》、《宋書》、《南齊書》、《梁書》、《陳書》、《後魏書》、《北齊書》、

《後周書》、《隋書》共十三史）作為全國參照之源始。

大人之學，窮究事物之本末，本末不紊，先後有序，此方能代天理物，經營萬事，故可以沿續傳承，若是閉塞行不通的劣規行為，或不合時宜的風俗習性，則必須革除，太過者損之，不及者益之，本則先之以原始，末則後之以要終，天地不足，大人補之，陰陽失和，大人調之，日月盈虧，寒暑代謝，治曆明時，使民不惑於稼穡之期。

賢能者守住經常，而聖者可達權變，故應推廣創立權變，緊守經常之道，理是無為而無所不為；氣則有善有惡；象即是造作一切可見之形體，故理氣皆不論，而象只論乎慾也。

何謂不易？河圖是也，河圖者理也，理主五常，常則恆久不變之理，在天謂之天理，在地謂之地理，在人謂之性理，理本無象，天理河圖以象之；何謂變易？洛書是也，變易之易，一氣流行，寒暑代謝，動而有跡可見，變易之易，出於《上經》之「乾」，乾為天，先天之乾變而為後天之離，乾道變化，各正性命，天之用也，大明終始，六位時成，時乘六龍以御天，日之用也。天、日運轉，而寒暑變易，故曰變易；何謂交易？日月為是也，交易之易出於《上經》之「坤」，坤為地，先天之坤變為後天之坎，坤之用六，用先天之坎也，乾用後天，坤用先天者，陽順陰逆之別也，坤為地，坎為月，坤厚載物，地之用也；萬物化光，月之用也，地因天交，則長發收藏，月與日交，則晦朔弦望，地月皆因交而易，故曰交易。

天動於上，地靜於下，兩間空虛，人物之性下降，理復生氣，氣復生象，一元十二會，六會開物，六會閉物，自子會開天，為自無入有之漸，天地人物之性，子會入理，丑會入氣，寅會入象，歷卯、辰、巳等六會，而萬象全矣。

午會傳道，為自有還無之漸，故由象悟氣，自氣還理，此盡人合天，賢關聖域，造詣之次第也。盡人者，明善復初也；合天者，返本還原也，故歷代諸聖，教化愚蒙，不過使之覺其固有之性，明善復初，返本還原而已，因此於午會十一運六世二十年，癸未六月望前，東山人又在荊門解《大學》，闡明自象還氣，自氣還理，末後之道，天人交接，而辦收圓矣。

合理氣顯微，推而至於人事，治度大備，風氣漸開，此由皇入帝之世界也；周則尚文，則物象從事，而身心之學漸晦矣，此由帝入王之世界也；至齊桓、晉文，則假借其事，而參以詐力，此由王入伯之世界也；由皇入帝謂之元，由帝入王謂之亨，由王入伯謂之利，此為一本散萬殊。三代以上，道在君王，自上傳下，傳至庶人為終局；三代以下，道在師儒，自下而上，傳至帝王為終局，此又謂萬殊歸一本。

世間上的道劫歷現，及經書上之修行心法，都能見得到、悟得來，並且也說得出其因由與重要性，同時更能發揮個人的力量，做到宣導傳播而達渡人、成全人之實質效果上，此即是聖賢。對世間之酒色財氣，名利恩愛，能夠看得破，並能解得脫，而且更深入悟得徹其因由，便可成就仙佛之境界。對一些前已修持，受考後而離開道場的人，就像疏導斷港之水道，及引通絕河一樣，再次同歸於道場上修持，此功德可比美於夏禹治水之功，掃除異端邪說，闢破旁門左道，共同創造返理天之途徑，其功業甚至可超越亞聖孟子。這些都是能達到收圓了意之大法的，哈哈笑，笑哈哈，天下四大部洲內都能共一家了，而共四十八條之訓文至此完結矣。

讚曰：㈠開收天地道經為　成聖成賢仙佛追
五百年前腳冊對　當今真道祖師隨
㈡先賢辦道走天涯　廢命徒流又傾家
割愛捨恩流苦淚　終成修士去情枷
㈢修行無路待花明　三聖真傳心法清
大學中庸得率性　金剛理相印心經
㈣因革損益聖賢達　理氣無為善惡差
子會開天傳午道　收圓了意你我他

後記

拜讀了十五代王覺一祖師之著作《祖師四十八訓》之後，不但瞭解了王祖師之學識博海深淵，尤對三教之性理心法，融會一貫，就易理闡述，亦達爐火純青之境，真不虧是一代祖師之風範，抱覽天下而無所不知，無所不談，是故於訓文內我們得到了很多的修道方針，及遵守規條之依據，同時也瞭解了祖師於傳道期間之艱辛與困難，因在清光緒三年(西元一八七七年) 老中慈諭，命王祖師執掌道統時，眾領袖雖不敢違抗天命，然而忿慨者多矣，於是各立門戶，以亂道統，故在這道統混亂之際，要來傳承真道，其困難可見一般，然而道統亦亂，王祖師悲天憫人之心更盛，故惟恐教傳旁門，學失正路，誤此恒古難遇之良機，因此著作了《祖師四十八訓》等諸多善書，皆以闡明性理心法，以輔助挽回狂攔，收渡良民眾生，所以在王祖師掌道短短的八年當中，即將道傳遍大江南北。

王祖師掌道後，闡道之年表如下：

光緒三年(一八七七年)丁丑：先是 無極老中在東震堂設立乩盤，施丹方活人濟世，到後來才講大道普渡有緣；再要王祖師立誓授於祖位，委之於普渡重任，並命之至天罡門與淳風門，先學習河洛卦象，再開荒傳道，傳道初始以「先天無生教」命名，繼而改稱「末後一著教」，本年其闡道範圍不出山東境內。

光緒四年（一八七八年）戊寅：離開山東，開道二南（江蘇、安徽）三江（浙江、松江、岷江）刊刻《三易探原》，是年春天，於汝寧府風后頁佛寺渡化同教張懷松等人，六月間渡化朱行普等家人入道，並幫同校對《一貫探原》等著作。

光緒五年（一八七九年）己卯：續開中洲（河南），在風后山訂章程。並廣佈附近善男信女入道。

光緒六年（一八八０年）庚辰：由揚州（江都）到上海，一路借乩壇批錄《歷年易理》之《庚辰年書帖》，據由鸞文之批露，引入更多之眾生求道修行。

光緒七年（一八八一年）辛巳：七月北上燕京（北平），在三清宮一帶渡化二十八星宿氣天仙及城隍、社令，又開洪鐘法會，渡化十殿閻君，及各地賢良，此時文官、武將求道者頗多，並刻印《三易探原》，傳說王祖師係古佛降生，掌紋有「古佛」二字，故時用紅硃印在紙上送人可免災患，也據於渡化更多眾生入室修持。

光緒八年（一八八二年）壬午：由北方南下湖、廣訪原人，在荊州府（江陵）引渡賢良，又著《四十八章條規》（後改稱《祖師四十八訓》），穩定了西北九省之道場，之後又順流下南京，轉揚州（江都）。

光緒九年(一八八三年)癸未：在漢口遭風考，始隱遁荊州門(湖北荊門縣)，至八月罹重病，避居燕京(北平)，旋轉往天津楊柳青鎮養病。

光緒十年(一八八四年)甲申：三月間上天奉召而歸空於楊柳青鎮。而在歸空前，焚香請示　老中慈諭，改名三極一貫，交付劉清虛接掌祖位，繼承天命，為第十六代祖師。

就祖師闡道之年表內容可以看出，十五代王祖師是一位深通三教真理，並據於多本之著作心法來廣渡眾生，王祖師的手掌掌紋有「古佛」二字的異象，可以證明自己係古佛降世，他也常以入教吃齋治病的方式來吸收徒眾。此外，王祖師是經由扶乩的啟示，領授無生　老中的天命，來重建道盤，我們可以從訓文第十八條得知：「事有常變，道有經權，開創、守成各有其宜，今西乾道統，日就紊亂，故　無皇聖中，降臨東震，倒掛金牌，更上換下，掃除一切有象，旁門小術，而同歸先天一貫，窮理盡性，至命大道」。又第廿七條亦云：「無生　老中，因金祖歸空，開荒事罷；故親臨東震，轉盤換象，安排收圓大事，好救九二原人。」又第三十條亦云：「吾道及三聖之嫡派，萬法之真宗，親奉　無皇聖中之敕旨，玉皇大帝之牒文，三曹會議，千真萬聖，搭手助道，一赦即登覺路，一指便通天界。」另在其他著作《歷年易理》內也提到：「現今道統危如線，千真萬聖困塵凡，吾等皆是蓬草士，無皇親命玉帝宣，再三叮嚀再三勸，寒門草舍掌道權，千真萬聖同催趕，三年大道滿世間……上度星斗通河漢，下度十五徹九泉，下中度有情森羅象，萬象總歸無極天。」

這種「掌道權辦收圓」的觀念，正是王祖師的主要傳道之重點，光緒七年、八年間，王祖師潛避在江南，隱匿船中，但仍指揮道務的進展，傳道渡人。光緒九年，在漢口受到清政府嚴厲的打擊，後避居燕京，至光緒十年病逝於天津楊柳青鎮。

從王祖師掌道的八年時間，有此豐碩之成就，則歸因於其坎坷之身世，所養成其堅強奮鬥精神。十五代祖王覺一於清道光元年二月初一日子時降生，青州益都縣人，乃水精子化身，名為北海老人。王祖師的身世坎坷，三歲時喪父，七歲時母親亦離開人間，孤苦無依，幸好蒙叔父的收容，得有容身之處，也在私熟讀了幾年書。十二歲就替人牧羊；十三歲時，又當起了放牛的牧童。王祖師天資聰慧，十二歲時已能作出《嘆五更》之絕句以傳世。從小即深深受慕聖人之道，但因家貧無力從師學理，只得自己利用替人看牧牛羊之際，借來各種經籍自修，尤其對於往聖之遺篇，更是吟詠揣摩再生，因此也讀了不少三教的經典。

清道光二十七年(一八四七年)王祖師二十七歲，得蒙雲南洱東，劉萬春的引進，拜姚祖為師，得授至道，姚祖令其入室靜坐，涵養本源，於定靜中開悟一切造化之理，及三教萬聖教化之機，此後王祖師即捨身辦道，謹追隨姚祖身邊辦道渡人，成為姚祖身邊的入室弟子。當時姚祖辦道的總堂稱為「西乾堂」，瑤池金母常臨壇乩諭，道務由是大為弘展。清光緒三年(一八七七年)，姚祖於歸空前，經由 老中的乩示，正式將祖位傳給王祖師，王祖師於接掌道統後，老中臨壇，正式將「西乾堂」更名為「東震堂」。謂之「東震繼西乾」，無生 老中落東震重立天盤。

王祖師道初期，是以「先天無生教」來命名，但沒多久即改稱為「末後一著教」。由於是傳末後最上乘頓教法門，謂之「無極一貫真傳」，真接經由明師一指「點開智慧通天眼，露出金剛不壞身」，故稱為「末後一著教」。

王祖師在一貫道發展史上，具有很重要的地位，現今所見一貫的教義，大體上是完成於王祖師之手，他的著作很豐富，有《大學解》、《中庸解》、《三易探原》、《一貫探原》、《理性釋疑》以上五書為王祖師之著作精華，在光緒二十一年時，由竹坡居士將它合併，改名為《理數合解》，除外還有《三教圓通》、《談真錄》、《歷年易理》、及《祖師四十八訓》等書傳世。王祖師在教義上，融入較深的儒家思想，一貫道即是從王祖師以後，以儒家的心法為主，謂之「儒運應白陽」。

末後收圓儒家管，題目認錯是違天，今世領袖，皆前輩祖師，老年倒裝變少年，改頭換面迷凡眼，指師為魔實可憐，皮毛假相怕關破，獨露天真在目前，慈航攬在菩提岸，一指能躲十閻羅，聖域賢關踏實地，才算末後一指禪，天道幽深更玄遠，凡人焉能看的穿，明師一指天堂路，返本還原作英賢。

關於王祖師的卒年，有多種版本之記述不同，以最近九十一年版，一貫道總會發行之《一貫道概要》，則有不同之說明，其稱：王祖師先期闡道尚稱平順，在宗教界亦具聲望，尤其光緒七年在北京三清宮鑄造洪鐘，因獲宰相李鴻章之賞識，而名聞一時，彼時曾渡化許多文武官員入道。詎料，其間有人假借其名抗清，遂受連累，以致光緒九年反清人士在武進舉事，即被攀誣；而同年在江蘇海州及湖北、武漢之傳道活動，也被當局誣為抗清，派兵圍捕，長子繼汰因而殉道；王祖師為躲官兵，避居天津楊柳青鎮，假託歸空，以息風考。為延續道脈，於光緒十二年(一八八六年)將道盤交劉清虛執掌。其後偕夫人及次子隱居陝西三原里，設立宏善堂，開創「東震收圓門」，在陝西、甘肅、四川等地，暗度良賢，至民國初年方歸空。

二〇〇二．三．十五　摘錄於台北　王秀雄

國家圖書館出版品預行編目資料

祖師四十八訓白話注釋 / 前賢合編. -- 初版.--
新北市板橋區 : 宏道文化, 2010.11
面 ; 　公分. -- (經典傳奇 ; 03)

ISBN 978-986-7232-71-7(平裝)
1.一貫道

271.6　　　　　　99008860

【經典傳奇 03】

祖師四十八訓白話注釋

作　　者／前賢合編
發 行 人／詹慶和
總 編 輯／蔡麗玲
編　　輯／方嘉鈴・蔡竺玲・吳怡萱・陳瑾欣
封面設計／林佩樺

出版者／宏道文化事業有限公司
發行者／雅書堂文化事業有限公司
郵政劃撥帳號／19934714
戶名／宏道文化事業有限公司
地址／新北市板橋區板新路206號3樓
電子信箱／elegant.books@msa.hinet.net
電話／(02)8952-4078
傳真／(02)8952-4084
網址／www.elegantbooks.com.tw
電子郵件／elegant.books@msa.hinet.net

2010年11月初版一刷　2013年12月初版二刷　定價／160元